westermann

Karl Wilhelm Henke

AF648507

Tastschreiben und situationsbezogene Textverarbeitung mit WORD 2021/WORD 365

(Stand: 18. April 2023)

1. Auflage 2023

Bestellnummer 7397

Zusatzmaterialien zu Tastschreiben und situationsbezogene Textverarbeitung mit Word 2021

Für Lehrerinnen und Lehrer

BiBox westermann inkl. E-Book

Lehrerlizenz BiBox Dauerlizenz: 978-3-8045-0439-4
Kollegiumslizenz BiBox Dauerlizenz: 978-3-8045-0438-7
Kollegiumslizenz BiBox Schuljahr: 978-3-8045-0581-0
Klassensatz PrintPlus BiBox Schuljahr: 978-3-427-81238-8

Für Schülerinnen und Schüler

BiBox westermann inkl. E-Book

Schülerlizenz BiBox Schuljahr: 978-3-8045-0437-0

mit Webcode im Buch
Buch +Web

Zu diesem Produkt sind digitale Zusatzmaterialien kostenlos online für Sie erhältlich. Sie können diese ganz einfach über die Eingabe des nachfolgenden Codes im Suchfeld unter www.westermann.de abrufen.

BVE-7397-001

Sollten Sie zu diesem Produkt bereits eine BiBox mit Material erworben haben, so sind die Zusatzmaterialien selbstverständlich dort bereits integriert.

Bildquellenverzeichnis:
|Henke, Karl Wilhelm, Soest: 109.5, 110.1, 110.2. |Hild, Claudia, Angelburg: 4.2, 9.3, 10.1, 11.1, 12.1, 14.1, 15.1, 17.1, 18.1, 19.1, 21.1, 23.1, 24.1, 25.1, 27.1, 28.1, 29.1, 31.1, 32.1, 33.1, 36.1, 37.1, 38.1, 71.1, 75.1, 78.1, 81.1, 85.1, 99.1. |iStockphoto.com, Calgary: borojoint 26.1. |Microsoft Deutschland GmbH, München: 6.1, 6.2, 7.1, 7.2, 7.3, 8.1, 8.2, 8.3, 9.1, 9.2, 10.2, 10.3, 11.2, 13.1, 20.1, 20.2, 20.3, 30.1, 30.2, 34.1, 34.2, 35.1, 41.1, 41.2, 41.3, 41.4, 41.5, 41.6, 42.1, 43.1, 43.2, 43.3, 45.1, 45.2, 45.3, 45.4, 45.5, 47.1, 47.2, 47.3, 47.4, 47.5, 47.6, 48.1, 48.2, 48.3, 48.4, 49.1, 49.2, 49.3, 49.4, 49.5, 49.6, 50.1, 50.2, 50.3, 50.4, 50.5, 51.1, 51.2, 51.3, 52.1, 52.2, 52.3, 52.4, 52.5, 53.1, 54.1, 54.2, 54.3, 60.1, 87.1, 87.2, 87.3, 87.4, 87.5, 90.1, 90.2, 90.3, 95.1, 95.2, 95.3, 95.4, 95.5, 96.1, 96.2, 96.3, 96.4, 97.1, 97.2, 97.3, 97.4, 97.5, 98.1, 98.2, 98.3, 98.4, 101.1, 101.2, 102.1, 102.2, 102.3, 102.4, 102.5, 102.6, 102.7, 102.8, 104.1, 104.2, 104.3, 104.4, 105.1, 106.1, 106.2, 106.3, 106.4, 106.5, 106.6, 106.7, 107.1, 107.2, 107.3, 107.4, 107.5, 107.6, 107.7, 107.8, 107.9, 107.10, 108.1, 108.2, 108.3, 108.4, 108.5, 108.6, 109.1, 109.2, 109.3, 109.4, 111.1, 112.1, 112.2. |stock.adobe.com, Dublin: bernardbodo Titel; Destina 26.2; gzorgz 14.1; jijomathai 5.2; Rozhnovsky, Denis 4.1, 45.6; WDnet Studio 5.1.

Druck und Bindung: Westermann Druck GmbH, Georg-Westermann-Allee 66, 38104 Braunschweig

ISBN 978-3-8045-**7397**-0

Inhalt

1 Einführung

1.1 Hardware

- Als Hardware bezeichnet man alle Bestandteile eines Computersystems, die man sehen und berühren kann. Um Informationen mit dem Computer verarbeiten zu können, ist eine bestimmte Konfiguration (Zusammenstellung) erforderlich. Diese physischen Bestandteile sind: die Zentraleinheit mit dem Hauptspeicher und dem Prozessor, Dialoggeräte, Eingabegeräte, Ausgabegeräte und externe Speicher.

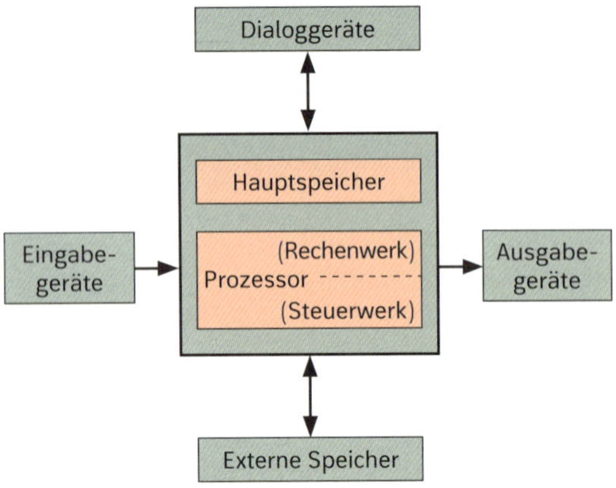

Eingabegeräte

- Daten/Texte oder Programmbefehle werden über eine Tastatur in die Zentraleinheit eingegeben. Computertastaturen sind unterteilt in einen alphanumerischen Bereich (Buchstaben, Ziffern und Sonderzeichen), einen numerischen Bereich (Ziffern), einen Cursortastenbereich (Pfeiltasten) und Funktionsbereiche.

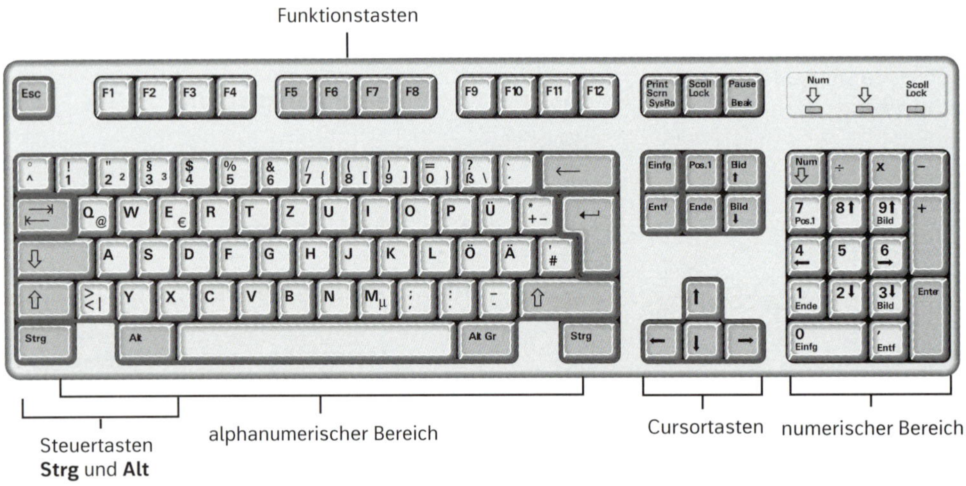

- Als Eingabegeräte werden auch die Maus, der Scanner, Spracherfassungssysteme, die Lesestifte, die Digitalkamera und das Schreibtablett mit Lesestift verwendet.

Wichtige Funktionstasten

Taste	Beschreibung	Taste	Beschreibung
←┘	Die Rückführtaste mit Zeilenschritt (Return-Taste) dient zur Schaltung von Leerzeilen und schließt die Befehlseingabe ab.	**Entf**	Die Entfernungstaste löscht das Schriftzeichen rechts vom Cursor oder markierte Textteile.
|←	Die Rückschritttaste löscht das Zeichen links vom Cursor.	**Alt**	Mit der Alt-Taste wird das Hauptmenü (die Menüzeile) markiert. Zur Auswahl von Menü und Funktion ist der hervorgehobene Buchstabe einzugeben.
⇩	Mit dem Umschaltfeststeller nimmt man die Dauergroßschreibung vor. Durch Betätigung des Umschalters oder des Umschaltfeststellers wird die Dauergroßschreibung wieder aufgehoben.	**Strg**	Die Steuerungstaste dient zur Befehlseingabe. Sie muss mit einer anderen Taste heruntergedrückt werden.
Esc	Mit der Escape-Taste verlässt man das Menü und kehrt zurück in den Textbereich.	**F12**	F-Tasten sind Funktionstasten.

Zentraleinheit

- Die Zentraleinheit aus Hauptspeicher und Prozessor bildet das Herzstück eines Computers.

  Der Hauptspeicher nimmt die Daten/Texte und Programme vorübergehend auf. Eingegebene Daten/Texte werden vom Hauptspeicher in den Prozessor übertragen und dort verarbeitet. Danach gelangen sie in den Hauptspeicher zurück. Der Prozessor besteht aus einem Steuerwerk und einem Rechenwerk.

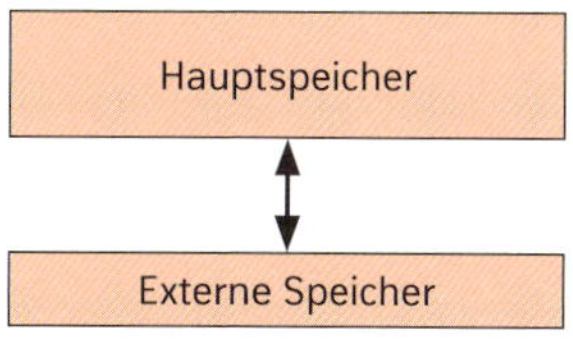

Bildschirm

- Eingegebene oder verarbeitete Daten/Texte erscheinen auf dem Bildschirm. Die Bildschirmgröße wird in Zoll angegeben. Im Übrigen hängt die Anzeigemöglichkeit eines Bildschirms von der Schriftart und Schriftgröße ab. Ein scharfes Bild ergibt sich durch eine hohe Anzahl an Bildpunkten und eine hohe Bildwiederholungsfrequenz. Das Bild entsteht durch eine Veränderung von Flüssigkeitskristallen.

Externe Speicher

- Um Daten dauerhaft zu speichern, sind externe Speicher erforderlich. Hierfür bieten sich die Festplatte, die CD/DVD oder der USB-Stick an. Es ist auch möglich, Daten in der Cloud („Wolke“) zu speichern.
- Die Festplatte gilt als externer Speicher, obwohl sie eine Baueinheit mit der Zentraleinheit bildet. Sie hat eine hohe Speicherkapazität, schnelle Arbeitsgeschwindigkeit und muss nicht ausgewechselt werden. Es ist auch möglich, eine externe Festplatte anzuschließen, um die Speicherkapazität zu erhöhen.
- Die CD-ROM (Compact Disc – Read Only Memory) zeichnet sich durch eine sehr hohe Speicherkapazität und schnelle Verarbeitungsgeschwindigkeit aus. Die DVD (Digital Versatile Disc) ist die Weiterentwicklung der CD. Sie besitzt ein Vielfaches an Speicherkapazität.
- Der USB-Stick (Universal Serial Bus) ist ein kleiner externer Speicher, der in die Schnittstelle des Computers geführt wird. Der Vorzug des USB-Sticks besteht darin, dass er flexibel überall einsetzbar ist und dadurch ein Datenaustausch leicht möglich wird.

Drucker

- Als Drucker werden überwiegend Tintenstrahl- und Laserdrucker eingesetzt. Die Ausgabegeschwindigkeit der Daten/Texte ist unterschiedlich.

1.2 Software

- „Software“ ist die Sammelbezeichnung für alle Programme. Ein Programm ist eine logische Folge von Befehlen zur Lösung einer bestimmten Aufgabe. Zwischen Betriebssystemen und Anwendungsprogrammen ist zu unterscheiden. Office-Anwendungsprogramme, z. B. WORD 2021, erfordern das Betriebssystem Windows. Auf der Windows-Ebene werden z. B. Betriebssystemfunktionen eingegeben.
- Das Betriebssystem, das aus verschiedenen Programmen besteht, macht den Computer funktionsfähig. Es stellt die Verbindung zwischen den einzelnen Baueinheiten des Computers her, steuert und überwacht die Abläufe innerhalb des Systems.
- Programme sind urheberrechtlich geschützt. Wer Programme widerrechtlich kopiert, macht sich strafbar.

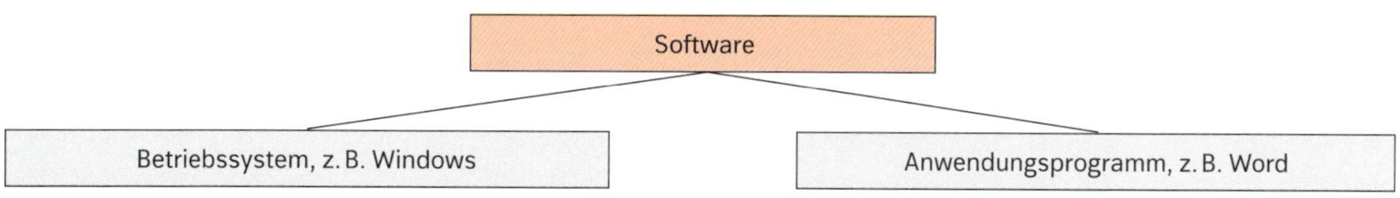

Desktop Windows 11

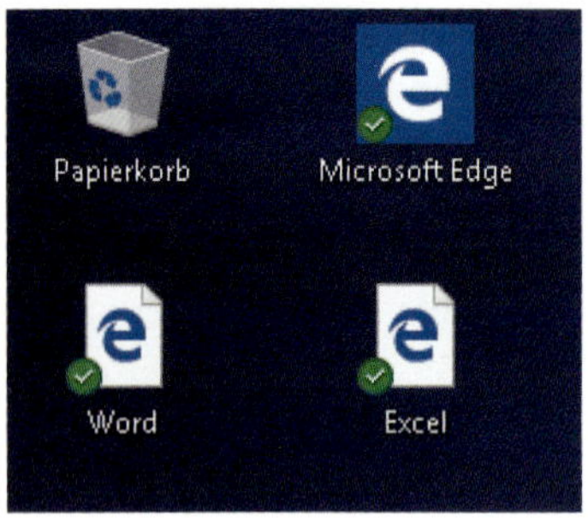

Office 2021 und Microsoft 365 sind Produkte der Microsoft Corporation.

Der Windows-Desktop zeigt verschiedene Symbole an.

- Der Papierkorb ist ein vorübergehender Speicher für gelöschte Dateien.
- Dieser Ausschnitt des Desktops zeigt Software des Computers an.

Auf dem Desktop können Sie weitere Symbole von Programmen und auch von Hardware anordnen, die Sie für Ihre Arbeit benötigen.

Starten des Programms Word

Um das Textverarbeitungsprogramm zu starten, klicken Sie entweder das Symbol für **Word** auf dem Desktop oder Sie klicken das Symbol **Start** an. Es öffnet sich ein Fenster. Unter **Meistverwendet** ist dann das Programm **Word** aufgeführt. Unter **Alles auf einen Blick** klicken Sie **Word** an.

Arbeitsablauf

Symbol Start — Symbol Word anklicken

oder

Symbol Start — Alle Apps — Alles auf einen Blick — Word anklicken

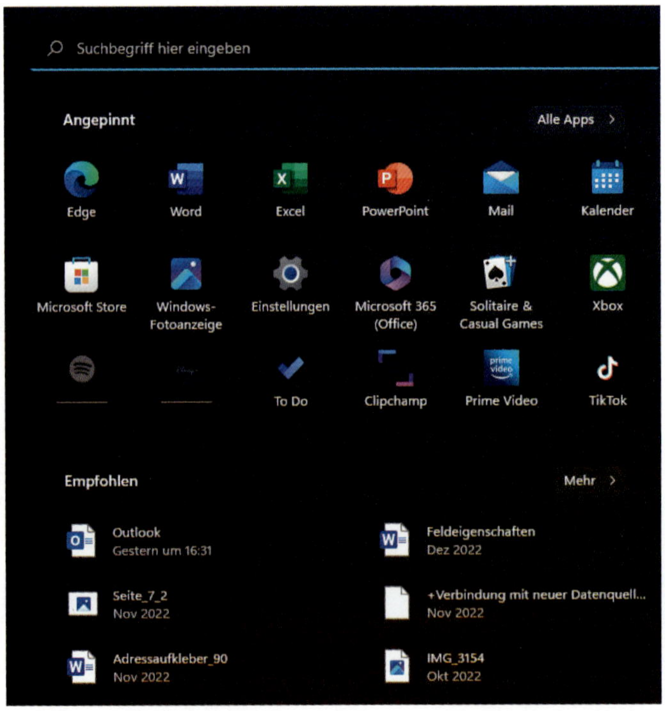

Beenden der Arbeit

Wollen Sie Ihre Arbeit beenden, klicken Sie das Symbol **Start** an. Danach aktivieren Sie **Herunterfahren**.

Arbeitsablauf

Symbol Start — Ein/Aus — Herunterfahren

3 Programmstart – Voreinstellungen

Word-Bildschirm

- Auf dem Word-Bildschirm finden Sie oben links die Schaltfläche **Datei** und rechts daneben in einer Zeile die Register aufgeführt. Zu jedem Register gibt es eine Gruppe, aus der Sie verschiedene Funktionen auswählen können.
- Die Befehlseingabe können Sie in den Registern vornehmen oder die Schaltfläche der Symbole in den Gruppen anklicken. Kurzbefehle erleichtern Ihnen die Befehlseingabe.
- Wenn Sie die Taste **Alt** bedienen, erscheinen unter den Registern Buchstaben. Sie können diese Buchstaben auch zur Befehlseingabe verwenden.

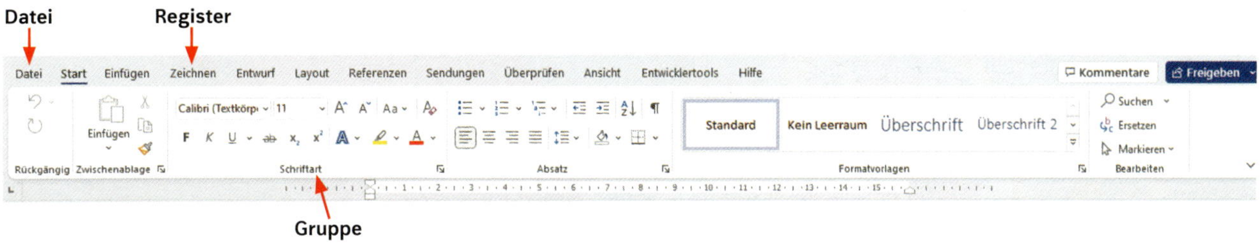

Ansichten

- Für Ihre Arbeit mit Word können Sie unterschiedliche Ansichten einstellen. Wenn Sie sich für das **Drucklayout** entscheiden, haben Sie auf der linken Seite cm-Angaben, um die Seitenhöhe zu erkennen. Zusätzlich sollten Sie das **Lineal** aktivieren, damit Sie auch die Zeilenbreite erkennen können. Sie haben aber auch die Möglichkeit, den Lesemodus, das Weblayout, die Gliederungs- oder Entwurfsansicht einzustellen.

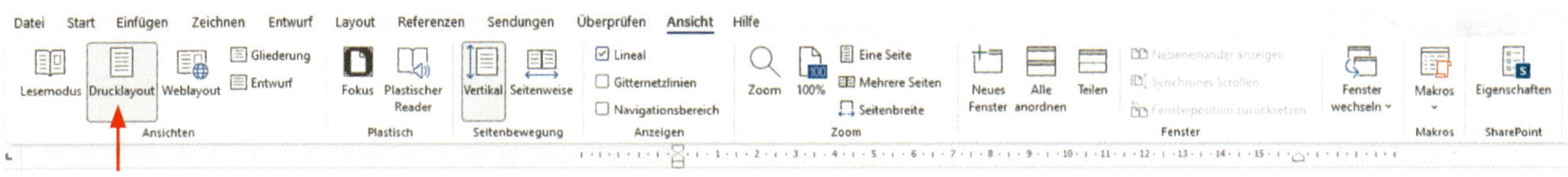

Arbeitsablauf

Ansicht – Drucklayout – Lineal

Word-Optionen

- Klicken Sie die Schaltfläche **Datei** an, können Sie **Optionen** wählen.
- In der Option **Anzeige** können Sie für Ihre Arbeit bestimmte Formatierungszeichen anzeigen lassen. Um die Zeilenumbrüche besser erkennen zu können, stellen Sie die **Absatzmarken** ein. Es ist auch möglich, Tabstoppzeichen, Leerzeichen, ausgeblendeten Text oder alle Formatierungszeichen anzuzeigen. Unter **Anzeige** wählen Sie auch die **Druckoptionen** aus.

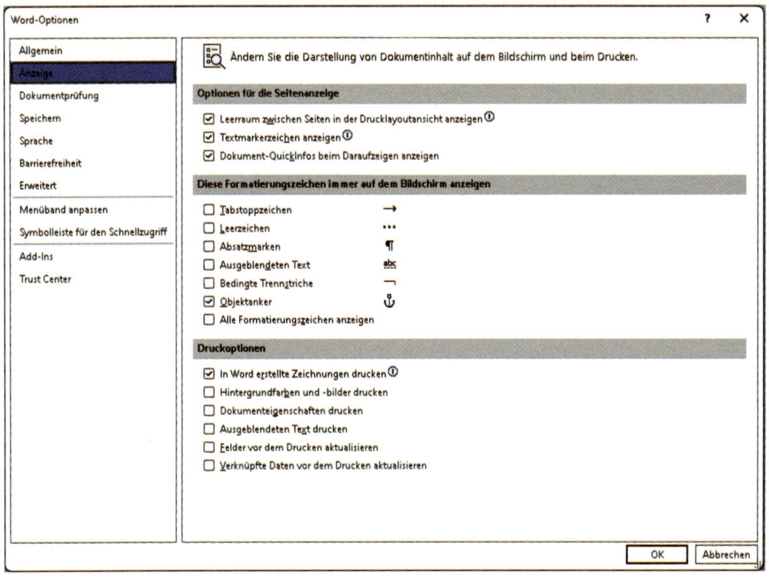

Arbeitsablauf

Datei – Optionen – Anzeige – Absatzmarken oder andere Optionen – OK

Layout

Abstand

- Damit Sie mit normgerechten Zeilenabständen arbeiten können, sollten Sie im Register **Layout** in der Gruppe **Absatz** die Standardeinstellungen **Abstand Vor** und **Nach** verändern. Stellen Sie hier **0 Pt.** ein. Klicken Sie den rechtsschrägen Pfeil unter den Maßen an, öffnet sich das Dialogfeld **Absatz**. Hier können Sie Ihre Einstellung **Als Standard festlegen.**

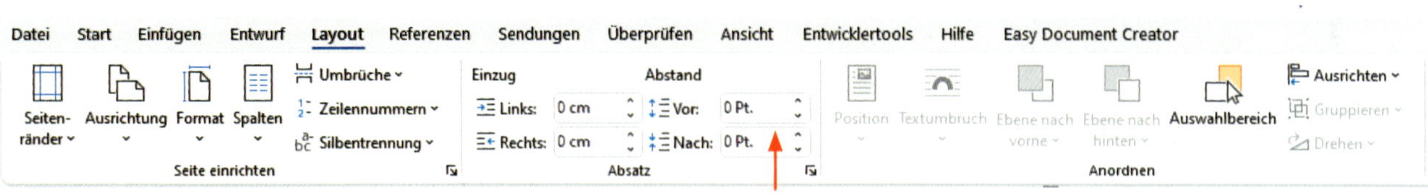

Arbeitsablauf

Layout — Abstand — Vor: 0 Pt. — Nach: 0 Pt. — Pfeil unten rechts anklicken — Als Standard festlegen — OK

Seitenränder

- Für die Randeinstellung wählen Sie ebenfalls das Register **Layout.** Klicken Sie in der Gruppe **Seite einrichten** den Pfeil unter **Seitenränder** an, öffnet sich ein Fenster. Wenn Sie **Benutzerdefinierte Seitenränder** anklicken, gelangen Sie in das Dialogfeld **Seite einrichten.** Hier geben Sie die Maße hinter **Links** und **Rechts** ein. Für eine dauerhafte Randeinstellung klicken Sie **Als Standard festlegen** an.
- Es ist für das Erfassen von Texten sinnvoll, den linken Rand auf 2,4 cm und den rechten Rand auf 3,0 cm einzustellen.

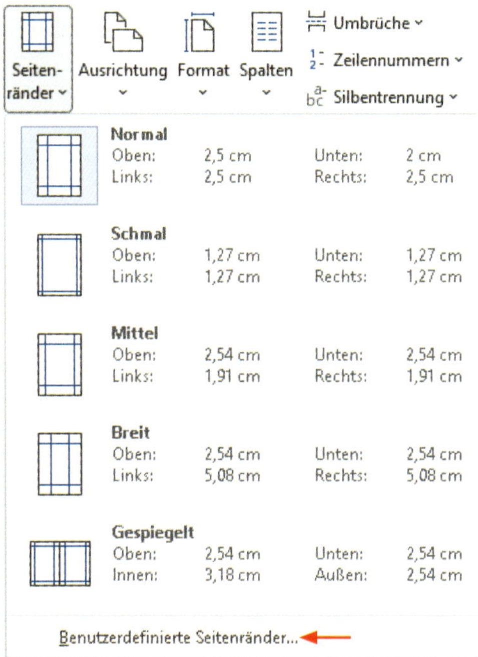

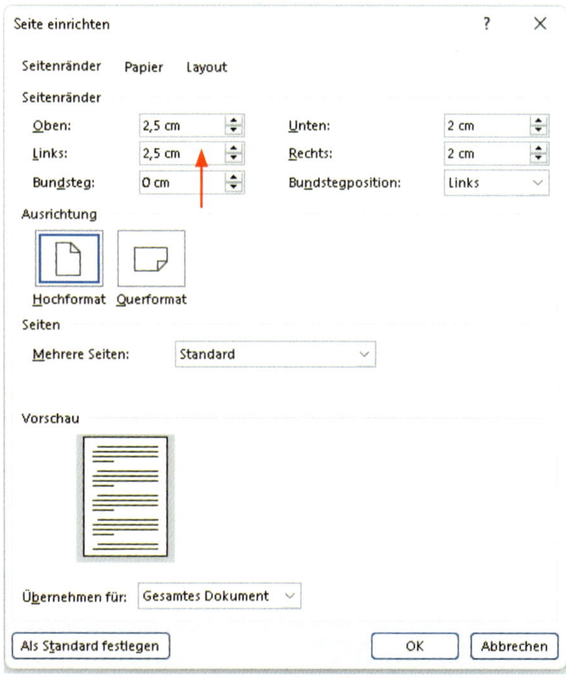

Arbeitsablauf

Layout — Seitenränder — Benutzerdefinierte Seitenränder — Links: 2,4 cm — Rechts: 3 cm — Als Standard festlegen — OK

73970

4 Texteingabe – Textbearbeitung – Dateiverwaltung

4.1 Bildschirm – Schreibhaltung

Word 2021

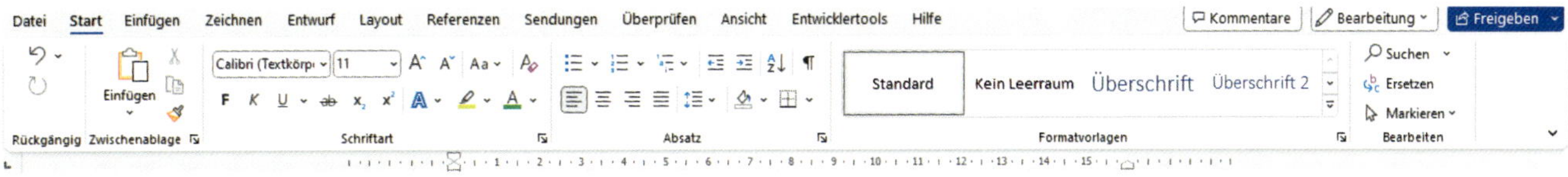

Word 365

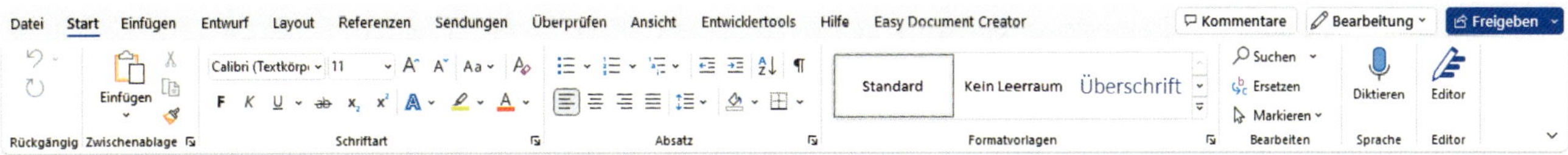

Schreibhaltung

Einnehmen der Grundstellung

Die Grundstellung wird ertastend in der mittleren Buchstabentastenreihe (Grundreihe) eingenommen.

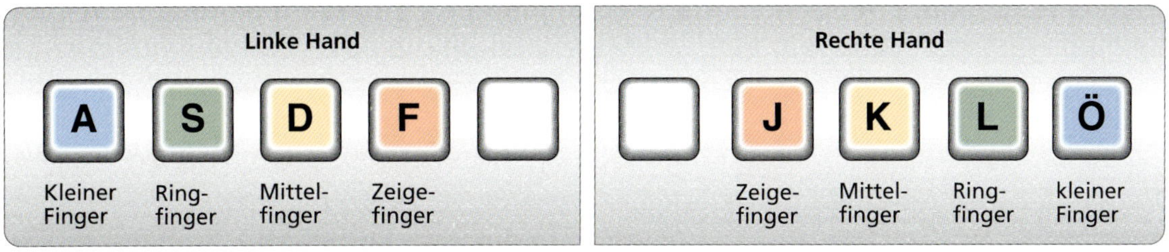

Einnehmen der Schreibhaltung

Aufrecht sitzen, Ellenbogen locker an den Körper anlegen, Unterarm und Handrücken bilden eine gerade Linie. Die ersten Fingerglieder sind leicht gekrümmt.

Bedienung der Leertaste

Die Daumen sollten über der Leertaste schweben. Die Leertaste wird mit dem rechten Daumen bedient. Beim Anschlag der Leertaste bewegt sich der Cursor auf dem Bildschirm nach rechts. Der Cursor steht immer rechts neben dem zuletzt geschriebenen Zeichen.

Texteingabe

Alle Texte sind am Bildschirm fortlaufend als Endloszeile einzugeben. Am Zeilenende erfolgt ein automatischer Textumbruch, wenn Sie ein Leerzeichen eingeben und weiterschreiben. Um eine Leerzeile zu bekommen (Absatz), bedienen Sie die ↵ -Taste (Returntaste) zweimal.

4.2 Buchstaben f, j, d und k — Speichern

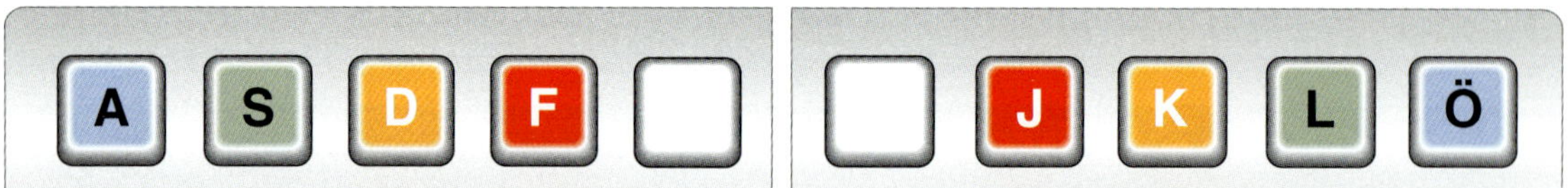

Der linke Zeigefinger schlägt das `f` an, der linke Mittelfinger das `d`.

Der rechte Zeigefinger schlägt das `j` an, der rechte Mittelfinger das `k`.

Der rechte Daumen bedient die Leertaste. Der rechte kleine Finger tastet waagerecht nach rechts zur ↲ -Taste (Returntaste).

Anschlagtechnik

Während des Schreibens liegen alle Finger auf den Tasten der Grundstellung. Die Schreibtasten werden nur bis zur Auslösung des Zeichenschrittes heruntergedrückt. Die Augen sind auf die Vorlage zu richten.

Erarbeitung des `f` und `j`

```
Zeile 1  fff fff fff fff fff fff fff fff fff fff fff fff fff fff fff
      2  jjj jjj jjj jjj jjj jjj jjj jjj jjf jjf jjf jjf jjf jjf jjf
      3  ffj ffj ffj ffj ffj ffj ffj ffj jfj jfj jfj jfj jfj jfj jfj
```

Erarbeitung des `d`

```
      4  ddd ddd ddd ddd ddd dfd dfd dfd dfd dfd djd djd djd djd djd
      5  dfj dfj dfj dfj dfj fdj fdj fdj fdj fdj jdf jdf jdf jdf jdf
      6  ddd dfd djd dfj fdj jdf ddd dfd djd dfj fdj jdf ddd dfd djd
```

Erarbeitung des `k`

```
      7  kkk kkk kkk kkk kkk kjk kjk kjk kjk kjk kfk kfk kfk kfk kfk
      8  kdk kdk kdk kdk kdk kjf kjf kjf kjf kjf kfd kfd kfd kfd kfd
      9  jkf jkf jkf jkf jkf jkd jkd jkd jkd jkd djk djk djk djk djk
```

Speichern

- Um Ihren Text dauerhaft zu sichern, speichern Sie auf der Festplatte, einem USB-Stick oder auf einem anderen Datenträger. Sie klicken die Schaltflächen **Datei** und **Speichern unter** an. Danach klicken Sie **Dieser PC** oder **Durchsuchen** an. Für das Speichern auf der Festplatte wählen Sie einen Ordner und geben den Dateinamen ein. Die Datei wird als Word-Dokument gespeichert. Wollen Sie in einem anderen Format speichern, klicken Sie den Pfeil hinter **Dateityp** und das gewünschte Format an.
- Den Speichervorgang schließen Sie mit **Speichern** ab.
- Wollen Sie in **Word 2021** eine bereits gespeicherte Datei erneut speichern, ändern sich die Funktionen im Register **Datei**. Sie klicken **Kopie speichern** an.

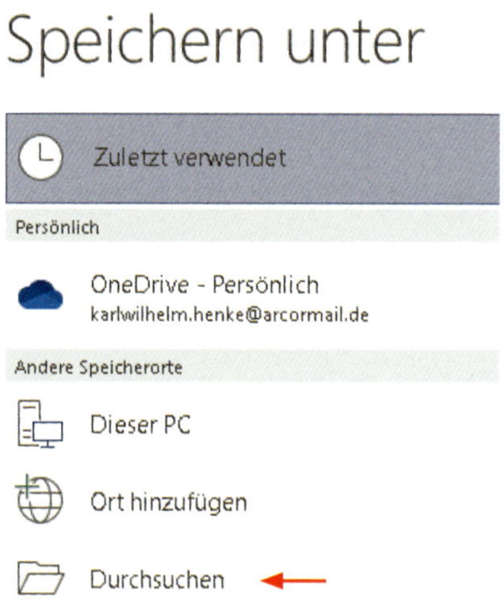

Eine Speichermöglichkeit wird Ihnen unter **OneDrive Persönlich** geboten. Sie speichern Ihre Datei in einem entfernten Rechenzentrum und nicht auf Ihrem lokalen Computer. Ihre Datei wird in der Cloud gespeichert.

Arbeitsablauf

Datei — Speichern unter — Dieser PC oder Durchsuchen — Ordner wählen — Dateinamen eingeben — Speichern

4.3 Buchstaben s, l, a und ö — Drucken

Wiederholung

Zeile 1 dfd djd dfj jdf kjk kfk kdk kjf kfd jkf jkd djk kjk kfk djk
2 djd jdf kfk kjf jkf jkd djk kjk kdk jkd djk dfd fdj dfd dkd

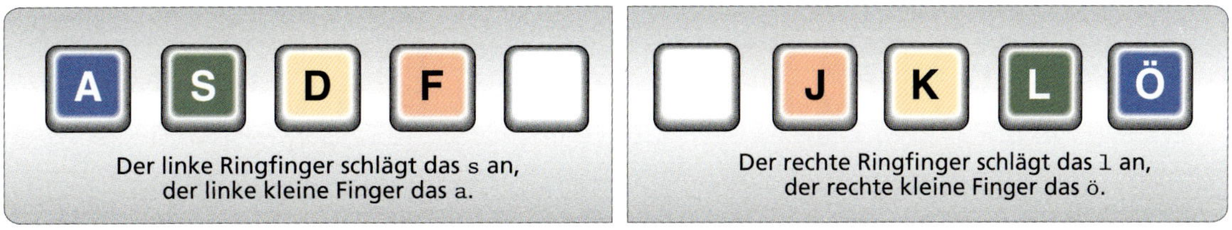

Die Schreibtasten sind nur bis zur Auslösung des Zeichenschrittes kurz herunterzudrücken. Durch gleichmäßiges Schreiben verhindert man Fehler. Die Augen sind auf die Vorlage zu richten.

Buchstabierwörter nach der Deutschen Buchstabiertafel für Wirtschaft und Verwaltung

A = Aachen	S = Salzwedel	D = Düsseldorf	F = Frankfurt
J = Jena	K = Köln	L = Leipzig	Ö = Umlaut Offenbach

Erarbeitung des s

3 sss sss sss sss sss sds sds sds sds sds sfs sfs sfs sfs sfs
4 sjs sjs sjs sjs sjs sks sks sks sks sks skj skj skj skj skj
5 sss sds sfs sjs sks skj sss sds sfs sjs sks skj sss sds sfs

Erarbeitung des l

6 lll lll lll lll lll lkl lkl lkl lkl lkl ljl ljl ljl ljl ljl
7 lfl lfl lfl lfl lfl ldl ldl ldl ldl ldl lsl lsl lsl lsl lsl
8 lll lkl ljl lfl ldl lsl lll lkl ljl lfl ldl lsl lll lkl ljl

Erarbeitung des a

9 aaa aaa aaa aaa aaa asa asa asa asa asa afa afa afa afa afa
10 ada ada ada ada ada aja aja aja aja aja aka aka aka aka aka
11 aaa asa afa ada aja aka aaa asa afa ada aja aka aaa asa afa

Erarbeitung des ö

12 ööö ööö ööö ööö ööö ölö ölö ölö ölö ölö öjö öjö öjö öjö öjö
13 öfö öfö öfö öfö öfö ödö ödö ödö ödö ödö ösö ösö ösö ösö ösö
14 ööö ölö öjö öfö ödö ösö ööö ölö öjö öfö ödö ösö ööö ölö öjö

Lernkontrolle

15 das das das das das lös lös lös lös lös lad lad lad lad lad
16 das lös lad das lös lad das lös lad lös das lad das lad lös
17 fad als las das lös lad fad als las das lös lad als das las

Drucken

- Zum Drucken von Texten klicken Sie nacheinander die Schaltflächen **Datei** und **Drucken** an. Unter Einstellungen können Sie das gesamte Dokument, die aktuelle Seite oder benutzerdefinierte Seiten drucken. Die Anzahl geben Sie unter „Exemplare"ein.
- Wollen Sie bestimmte **Druckoptionen** einstellen, klicken Sie in **Datei** die **Optionen – Anzeige** an.

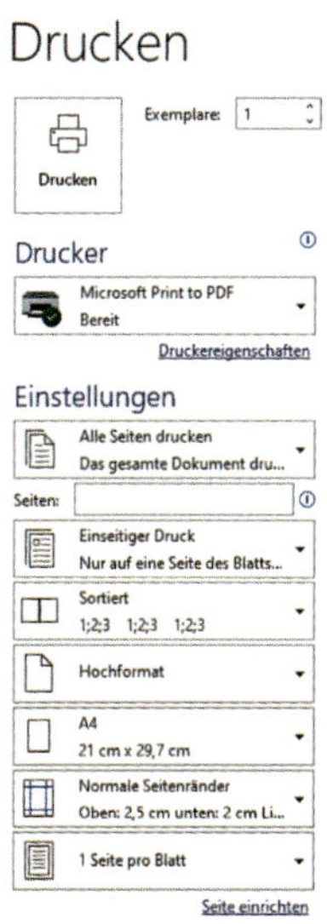

Arbeitsablauf

Datei – Drucken – Einstellungen – Alle Seiten drucken – Druckoption eingeben – Anzahl der Exemplare eingeben – Drucken

4.4 Buchstaben g und h – Sofortkorrekturen

Wiederholung

Zeile
1 da ja das las fad lös falls das lös fad als falls lös falls
2 ja da als fad das las falls lös das als las falls las falls

Der linke Zeigefinger tastet waagerecht nach rechts zum g.

Der rechte Zeigefinger tastet waagerecht nach links zum h.

Nach dem Tastenanschlag in der Mitte der Taste kehrt der Zeigefinger sofort in die Grundstellung zurück. Fehler verhindert man durch gleichmäßiges Schreiben.

Buchstabierwörter

G = Goslar   H = Hamburg

Erarbeitung des g

3 fgf fgf fgf gfg gfg gfg fga fga fga gfs gfs gfs agf agf agf
4 fgj fgj fgj gfk gfk gfk ögf ögf ögf fga gfs agf fgj gfk ögf
5 ga ga ga ga gö gö gö gö ag ag ag ag ög ög ög ög ga gö ag ög

Festigung

6 jag jag jag jag jag jag jag jag lag lag lag lag lag lag lag
7 jag jag jag lag lag lag jag jag lag lag jag lag jag lag jag
8 sag sag sag sag sag sag sag sag jag jag lag lag sag sag sag

9 jag lag sag jag lag sag jag lag sag lag jag sag lag sag jag
10 das lag das jag das sag als lag als sag als jag das sag als
11 sag als lag das jag als sag das lag als jag das sag als lag

Erarbeitung des h

12 jhj jhj jhj hjh hjh hjh jhö jhö jhö hjl hjl hjl öhj öhj öhj
13 jhd jhd jhd hjs hjs hjs ahj ahj ahj jhö hjl öhj jhd hjs ahj
14 ha ha ha ha hö hö hö hö ah ah ah ah öh öh öh öh ha hö ah öh

Festigung

15 sah sah sah sah sah sah sah sah sag sag sag sag sag sag sag
16 sah sah sah sag sag sag sah sah sag sag sah sag sah sag sah
17 sah sag lag jag sah sag lag jag sah sag lag jag lag sah jag

18 half half half half fahl fahl fahl fahl kahl kahl kahl kahl
19 half half half fahl fahl fahl kahl kahl kahl half fahl kahl
20 half fahl kahl fahl half kahl half kahl fahl kahl half fahl

Neue Datei

- Wollen Sie ein neues Dokument anlegen, klicken Sie die Schaltflächen **Datei** und **Neu** an. Sie können nun ein „Leeres Dokument" anklicken oder sich für eine Dokumentvorlage entscheiden.

Arbeitsablauf

Datei – Neu – Leeres Dokument

Aufgabe

Speichern Sie die vorstehenden Übungen unter dem Dateinamen **gh**.

73970

Lernkontrolle

Zeile 21 lag das als jag sah da fahl half kahl half fahl kahl da jag
22 sag als jag das lag ja half kahl fahl half kahl fahl ja lag
23 jag lag das sag sah da kahl fahl half fahl half kahl ja sah

24 sah half als da kahl sag ja fahl als half lag das half fahl
25 ja half als fahl sag kahl lag da half das jag fahl als half
26 kahl das half da fahl sah jag als ja kahl sag das half kahl

Cursorführung

- Auch die Cursortasten sind ertastend zu bedienen. Dazu ist mit der rechten Hand diese Schreibposition einzunehmen:

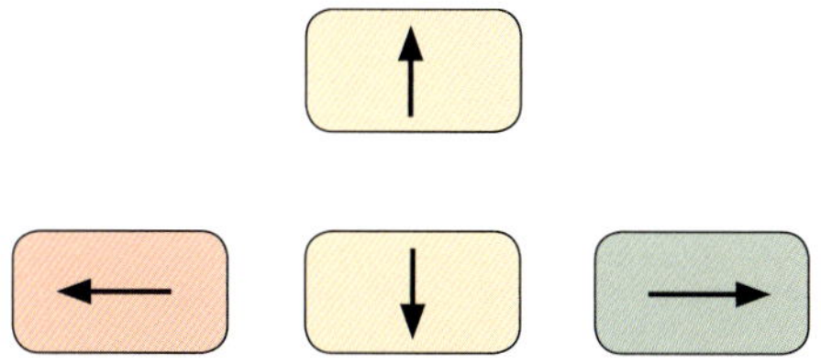

Zeigefinger Mittelfinger Ringfinger

- Der Cursor kann zeichenweise oder sprungweise bewegt werden. Dazu bieten sich diese Möglichkeiten an:

Taste		Taste	
←	zeichenweise nach links	→	zeichenweise nach rechts
Strg + ←	wortweise nach links	Strg + →	wortweise nach rechts
↑	zeilenweise nach oben	↓	zeilenweise nach unten
Pos 1	Zeilenanfang	Ende	Zeilenende

Sofortkorrekturen: Löschen und Ersetzen von Zeichen

- Für Korrekturen können Sie zwischen dem Einfüge- oder Überschreibmodus wählen. Um den gewünschten Korrekturmodus einstellen zu können, klicken Sie für die Standardeinstellung die Schaltfläche **Datei** an und danach die **Optionen**. Haben Sie die Option **EINFG-Taste zum Steuern des Überschreibmodus** in dem Register **Erweitert** aktiviert, können Sie den Einfügemodus oder Überschreibmodus durch Bedienen der Taste **Einfg** einstellen.

☑ EINFG-Taste zum Steuern des Überschreibmodus verwenden
☐ Überschreibmodus verwenden

Für Korrekturen werden genormte Korrekturzeichen verwendet.

Beispiel: jag kahl sag fahl ja sah lag s l d s
1. Fehler 2. Fehler 3. Fehler 4. Fehler

Aufgaben

a) Korrigieren Sie.

öö x ö öö x ö öö x j öö x k öö x h jj x ö hh x ö ff x ö aa x ö gg x ö

b) Führen Sie den Cursor hinter die grau gekennzeichneten Zeichen auf dem Bildschirm.

c) Korrigieren Sie jeweils am Zeilenende, zuerst im Überschreibmodus und danach im Einfügemodus.

27 ja half als fahl sag kahl lag da half das jag fahl als half d h j s
28 kahl das half da fahl sah sag als ja kahl sag das half kahl j h d l

d) Speichern Sie die Übungen unter dem Dateinamen **ffgg**. *Drucken Sie die Übungen.*

4.5 Großschreibung

Wiederholung

Zeile 1 lag sag jag half kahl fahl sag lag half lag sah als lag das
2 das jag sah fahl half kahl als das kahl sag lag sah jag als

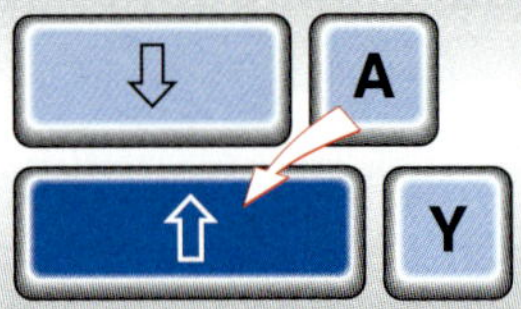

Der linke kleine Finger spreizt weit nach links unten zum Umschalter und drückt ihn herunter. Während des Anschlags wird der Umschalter festgehalten.

Der rechte kleine Finger spreizt weit nach rechts unten zum Umschalter und drückt ihn herunter. Während des Anschlags wird die Taste festgehalten.

Die ⇧-Taste wird auch als „Shift“-Taste bezeichnet.

Tasten Sie mehrmals einzeln vor:
Linker Umschalter – herunterdrücken Tastenanschlag – loslassen
Rechter Umschalter – herunterdrücken – Tastenanschlag – loslassen

Linker Umschalter

3 Ja Ja Ja Ja Ja Ka Ka Ka Ka Ka La La La La La Öa Öa Öa Öa Öa
4 Jagd Jagd Jagd Jagd Jagd Jagd Kalk Kalk Kalk Kalk Kalk Kalk
5 Jagd Jagd Kalk Kalk Jagd Jagd Kalk Kalk Jagd Kalk Jagd Kalk

Festigung

6 Hall Hall Hall Hall Hals Hals Hals Hals Hass Hass Hass Hass
7 Hall Hall Hals Hals Hass Hass Hall Hals Hass Hall Hals Hass
8 Jagd Kalk Hall Hals Hass Jagd Kalk Hall Hals Jagd Kalk Hals

Rechter Umschalter

9 Fö Fö Fö Fö Fö Dö Dö Dö Dö Dö Sö Sö Sö Sö Sö Aö Aö Aö Aö Aö
10 Fass Fass Fass Fass Fass Fass Saal Saal Saal Saal Saal Saal
11 Fass Fass Fass Saal Saal Saal Fass Saal Fass Saal Fass Saal

Festigung

12 Fall Fall Fall Fall Fall Fall Glas Glas Glas Glas Glas Glas
13 Fall Fall Glas Glas Fall Fall Glas Glas Fall Glas Fall Glas
14 Fass Saal Fall Glas Fass Saal Fall Glas Fass Saal Fall Glas

15 Kajak Kajak Kajak Kajak Kajak Skala Skala Skala Skala Skala
16 Kajak Kajak Kajak Skala Skala Skala Kajak Skala Kajak Skala
17 Fass Saal Fall Glas Kajak Skala Fass Saal Kajak Skala Kajak

Lernkontrolle

18 Öl Aal Fass Kalk Öl Saal Kajak Fall Skala Öl Glas Aal Kajak
19 Saal Öl Gas Kajak Aal Hals Skala Öl Glas Jagd All Kalk Fall
20 Aal Hass Skala Öl Kalk All Jagd Fass Öl Glas Kajak Aal Hals

- Die Umschalter lassen sich auch zum Markieren von Textteilen verwenden. Verwenden Sie die linke ⇧-Taste und die linke oder rechte Cursortaste, markieren Sie den Text zeichenweise. Zum Markieren von Zeilen ist neben der ⇧-Taste die „Cursortaste nach unten“ zu bedienen.
- In manchen Fällen ist die ⇧-Taste neben der Taste Strg für die Befehlseingabe zu verwenden.
- Die Strg -Tasten sind ebenfalls mit dem linken und rechten kleinen Finger zu bedienen.

73970

4.6 Buchstaben e und i — Sofortkorrekturen

Wiederholung

Zeile 1 lag sag jag half kahl fahl sag lag half lag sah als lag das
2 Fass Hals Glas Kajak Fall Öl Skala Jagd Aal Hall Saal Kajak

Der linke Mittelfinger tastet links hoch zum e.

Der rechte Mittelfinger tastet links hoch zum i.

Beim Vortasten prägt man sich die Griffrichtung und -entfernung ein. Die Schreibhand ist beim Tastenanschlag zum e und i leicht auf den kleinen Finger gestützt. Nach dem Tastenanschlag kehren die Finger sofort in die Grundstellung zurück.

Buchstabierwörter

E = Essen

I = Ingelheim

Erarbeitung des e

3 ded ded ded ede ede ede dea dea dea edö edö edö jed jed jed
4 öde öde öde öde des des des des öde öde des des öde des öde
5 jede jede jede lade lade lade jede jede lade lade jede lade

Festigung

6 alle alle alle sage sage sage alle alle sage sage alle sage
7 löse löse löse lege lege lege löse löse lege lege löse lege
8 sehe sehe sehe gehe gehe gehe sehe sehe gehe gehe sehe gehe

9 jede lade alle sage löse lege sehe gehe löse gehe sehe gehe
10 Elke Elke Elke Elke Else Else Else Else Elke Else Elke Else
11 Lage Lage Lage Lage Feld Feld Feld Feld Lage Feld Lage Feld

Erarbeitung des i

12 kik kik kik iki iki iki kiö kiö kiö ika ika ika sik sik sik
13 die die die die sie sie sie sie sei sei sei sei die sie sei
14 hilf hilf hilf dies dies dies hilf hilf dies dies hilf dies

Festigung

15 lief lief lief lieh lieh lieh seid seid seid lief lieh seid
16 siege siege siege liege liege liege leihe leihe leihe leihe
17 lief lieh seid siege liege leihe lieh siege seid leihe lief

18 die sie sei hilf dies lief lieh seid siege liege leihe lief
19 Idee Idee Idee Idee Igel Igel Igel Igel Idee Igel Idee Igel
20 Kleid Kleid Kleid Kleid Gleis Gleis Gleis Gleis Kleid Gleis

Lernkontrolle

21 es öle die elf sei öde lade dies fiel löse gehe jedes leihe
22 je des sei öde die elf lief fiel löse dies leid alles siege
23 die gehe alle lies seid liege sieh ideal diese leihe dieses

24 Lage Feld Idee Igel Lage Feld Idee Igel Lage Feld Idee Igel
25 Kleid Gleis Seide Kasse Segel Kleid Gleis Seide Kasse Segel
26 Lied Eis Keil Geld Liege Seide Lied Eis Öle Geld Liege Seil

Lernkontrolle

Zeile 27 es öle die elf sei öde lade dies fiel löse gehe jedes leihe
28 je des sei öde die elf lief fiel löse dies leid alles liege
29 es die öle des elf sei hilf lade fiel lies lief leise feile

30 öde leid dies lief hege fiel alles jedes lasse ideal dieses
31 sei jede lade alle hilf dies lasse feile leide alles leises
32 die gehe alle lies seid lief siege ideal diese leihe dieses

33 es die öle elf öde sei lade fiel dies löse jedes gehe leihe
34 Lage Feld Idee Igel Kleid Gleis Seide Kasse Segel Keil Geld
35 Feld Igel Kleid Idee Kasse Keil Segel Geld Lage Gleis Seide

36 Kasse Lied Eis Öle Liege Seil Lage Idee Feld Seide Leid Eis
37 Keil Segel Gleis Igel Kleid Öle Lied Eis Idee Seil Kasse Öl
38 Glas Seide Kasse Saal Seide Liege Feld Hals Kleid Segel Eis

Aufgaben

a) *Steuern Sie die grau gekennzeichneten Buchstaben oder Positionen der vorstehenden Übungen an, und zwar zuerst von unten nach oben und anschließend von oben nach unten.*

b) *Korrigieren Sie Ihre Schreibfehler in den vorstehenden Übungen.*

Sofortkorrekturen: Wortlöschungen

- Für Wortlöschungen sind die Wörter mit F8 (zweimal) oder Strg + ⇧ + ⇨ zu markieren. Mit den Tasten ⇧ + Entf wird das Wort in den Zwischenspeicher gelöscht. Mit der Esc -Taste und einer Cursorbewegung lässt sich die Markierung wieder aufheben.

Beispiel: Text	Rand	Ausführung	Text	Rand	Ausführung
~~ideal~~	⊢⊣ ₰	*Löschen*	~~leihe~~	⊢⊣ lasse	*Ersetzen*

Aufgaben

a) *Schreiben Sie die folgenden Zeilen zuerst in der ursprünglichen Fassung ab. Erst nachdem Sie alle Zeilen eingegeben haben, sind die Korrekturen auszuführen, und zwar zunächst im Überschreibmodus und danach im Einfügemodus durch Wortlöschungen.*

39 die jede alle lief seid fiel ~~lasse~~ ideal lasse leihe dieses ⊢⊣ leihe
40 des leid ~~lade~~ alle sieh dies diese leihe jedes alles leises ⊢⊣ fiel
41 sie hilf löse lies leid lieh leise lasse ~~ideal~~ lasse dieses ⊢⊣ alles

Buch +Web

b) *Speichern Sie unter dem Dateinamen* **eeii** *und drucken Sie.*

Schließen einer Datei

- Bevor ein neuer Text eingegeben wird, ist der Text auf dem Bildschirm zu löschen. Dazu ist die Schaltfläche **Datei** und danach die Funktion **Schließen** anzuklicken. Durch diesen Befehl wird der Text im Hauptspeicher der Zentraleinheit gelöscht.

Arbeitsablauf

Datei — Schließen

Prüfen Sie Ihr Wissen

1. *Beschreiben Sie den Arbeitsablauf zum Speichern eines Textes.*
2. *Erklären Sie das Korrigieren im Einfügemodus und Überschreibmodus.*
3. *Sie erfassen einen Text. Worauf haben Sie am Zeilenende besonders zu achten?*

73970

4.7 Komma und Punkt

Wiederholung

Zeile 1 dies lade hilf löse sehe sage seid lieh lege fiel hilf löse
2 Feld Liege Seide Eile Idee Gleis Kleid Segel Kasse Eis Igel

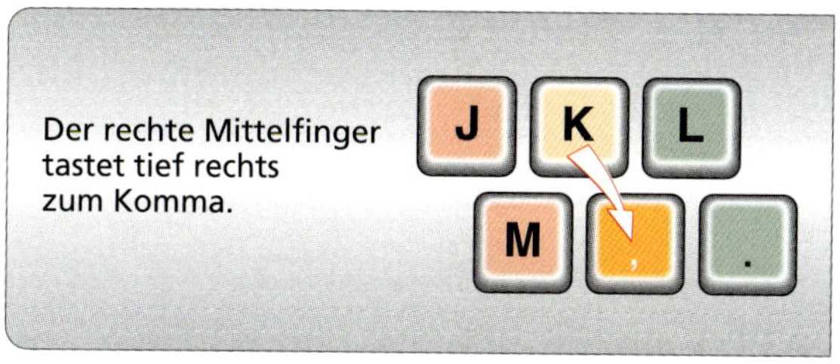

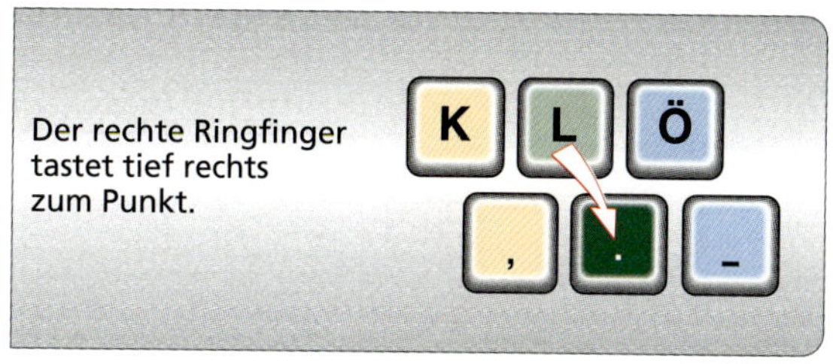

- Komma und Punkt werden unmittelbar an das vorhergehende Schriftzeichen angeschlossen. Danach folgt ein Leerzeichen.

Komma

3 k,k k,k k,k ,k, ,k, ,k, k,ö k,ö k,ö ,ka ,ka ,ka ik, ik, ik,
4 ja, ja, ja, ja, da, da, da, da, es, es, es, es, ja, da, es,
5 die, die, die, sie, sie, sie, sei, sei, sei, die, sie, sei,

Festigung

6 lasse dies, lasse dies, lasse dies, lasse dies, lasse dies,
7 gehe leise, gehe leise, gehe leise, gehe leise, gehe leise,
8 lasse dies, gehe leise, lasse dies, gehe leise, lasse dies,

9 das Öl, das Öl, das Öl, das Eis, das Eis, die Öle, das Eis,
10 die Eile, die Eile, die Idee, die Idee, die Eile, die Idee,
11 das Geld, das Geld, das Lied, das Lied, das Geld, das Lied,

12 das Seil, das Seil, das Kleid, das Kleid, das Seil, das Ei,
13 die Jagd, die Jagd, die Kasse, die Kasse, das Feld, das Öl,
14 die Eile, die Idee, das Kleid, die Segel, das Seil, das Ei,

Punkt

15 l.l l.l l.l .l. .l. .l. l.j l.j l.j .la .la .la el. el. el.
16 kahl. kahl. kahl. hell. hell. hell. fiel. fiel. fiel. fiel.
17 kahl. hell. fiel. fahl. hell. fiel. kahl. hell. fiel. kahl.

Festigung

18 Sie lief. Elke lief. Elke las es. Elke las es. Elke las es.
19 Sie lieh es. Sie lieh es. Ida sah es. Ida sah es. Ida lief.
20 Sie lief. Elke las es. Sie lieh es. Ida sah es. Sie sah es.

21 Sie fiel. Elke sah es. Ilka las alles. Ilse sah dies alles.
22 Sie half. Ida lieh es. Sie lief leise. Ida gefiel die Idee.
23 Sie lief. Sie löse es. Else gefiel es. Heidi löse das Seil.

24 Elke gefiel das Kleid. Heidi gefiel das Lied. Leihe es Ida.
25 Silke gefiel das Glas. Leihe Hilde das Kleid. Silke sah es.
26 Hilde sah, dass Silke lief. Heidi sah, dass es Elke gefiel.

4.8 Buchstaben r und u

Wiederholung

Zeile 1 Elke gefiel es. Ilka lief eilig. Silke lieh Helga das Glas.
2 Heidi half Gisela. Hilde sah, dass Elke jedes Kleid gefiel.

Der linke Zeigefinger tastet links hoch zum r.

Der rechte Zeigefinger tastet links hoch zum u.

Mit den Zeigefingern sind mehrere Tasten anzuschlagen. Griffrichtung und -entfernung müssen unterschieden werden. Beim Tastenanschlag zum r und u ist die Hand leicht auf den kleinen Finger gestützt. Nach dem Tastenanschlag kehren die Schreibfinger sofort in die Grundstellung zurück.

Buchstabierwörter

R = Rostock

U = Unna

Erarbeitung des r

3 frf frf frf rfr rfr rfr fra fra fra rfs rfs rfs irf irf irf
4 frei frei frei rief rief rief frei frei rief rief frei rief
5 dir dir dir dar dar dar gar gar gar dir dar gar dir dar gar

Festigung

6 der der der her her her ihr ihr ihr der her ihr her ihr der
7 gar dir gar ihr der her dar der ihr her dir ihr her gar dir
8 rede rede rede klar klar klar sehr sehr sehr rede klar sehr

9 drei drei drei hier hier hier drei hier drei hier sehr klar
10 Riss Riss Riss Riss Reis Reis Reis Reis Riss Reis Riss Reis
11 Reise Reise Reise Reise Reihe Reihe Reihe Reihe Reise Reihe

Erarbeitung des u

12 juj juj juj uju uju uju jul jul jul uja uja uja suj suj suj
13 auf auf auf aus aus aus auf aus auf aus auf aus auf aus auf
14 rufe rufe rufe ruhe ruhe ruhe eure eure eure rufe ruhe eure

Festigung

15 kaufe kaufe kaufe laufe laufe laufe sauer sauer sauer kaufe
16 sauge sauge sauge raues raues raues graue graue graue graue
17 kaufe laufe sauer sauge raues graue sauer laufe raues sauer

18 sauer sauer sauer sauge sauge sauge graue graue graue sauer
19 Ufer Ufer Ufer Ufer Ural Ural Ural Ural Ufer Ural Ufer Ural
20 Frau Frau Frau Ruhe Ruhe Ruhe Frau Ruhe Frau Ruhe Frau Ruhe

Lernkontrolle

21 kaufe es, kaufe es, gehe aus, gehe aus, kaufe es, gehe aus,
22 sehr sauer, sehr sauer, sehr ruhig, sehr ruhig, sehr sauer,
23 kaufe es, gehe aus, sehr sauer, sehr ruhig, rede hier frei.

24 Höre auf Ulf. Kaufe die Uhr. Die Uhr lag da. Ria erfuhr es.
25 Ralf rief es leise. Leider fiel der Kurs. Klaus lud es auf.
26 Die Feder lag hier. Uli gefiel die Reise. Ulla sah das Rad.

4.9 Buchstaben t und z — Sofortkorrekturen

Wiederholung

Zeile 1 `Hier lag die Uhr. Leider fiel der Kurs. Ralf sah die Risse.`
2 `Elke rief es aus. Gerda gefiel das Rad. Edgar sah das Haus.`

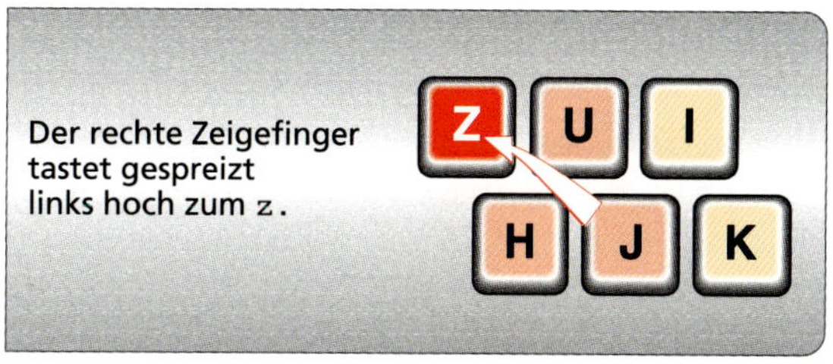

Die Griffwege zu den Tasten r und t sowie u und z sind zu unterscheiden. Beim Tastenanschlag ist die Schreibhand leicht auf den kleinen Finger gestützt. Nach dem Tastenanschlag kehren die Finger sofort in die Grundstellung zurück.

Buchstabierwörter

T = Tübingen

Z = Zwickau

Sofortkorrekturen: Verstellen von Wörtern

Verstellte Wörter werden durch ⊓⊔ gekennzeichnet.

Erarbeitung des t

3 `ftf ftf ftf tft tft tft fta fta fta tfs tfs tfs rft rft rft`
4 `ist ist ist hat hat hat gut gut gut ist hat gut ist hat gut`
5 `tief tief tief teil teil teil seit seit seit seit tief teil seit` ⊓⊔

Festigung

6 `alte alte alte geht geht geht erst erst erst alte geht erst` ⊓⊔
7 `hielt hielt steht steht liegt liegt hielt steht liegt hielt` ⊓⊔
8 `hört gehört gehörte teilt geteilt geteiltes stellt gestellt` ⊓⊔

9 `ist hat gut tief teil seit alte geht erst hielt steht liegt` ⊓⊔
10 `Tal Tal Tal Tag Tag Tag Tau Tau Tau Tal Tag Tau Tal Tag Tau`
11 `Tief Tief Tief Teil Teil Teil Takt Takt Takt Tief Teil Takt`

Erarbeitung des z

12 `jzj jzj jzj zjz zjz zjz jzö jzö jzö zja zja zja ujz ujz ujz`
13 `zart zart zart kurz kurz kurz zart kurz zart kurz zart kurz`
14 `zeige zeige zeige zelte zelte zelte zahle zahle zahle zahlt`

Festigung

15 `ziehe ziehe ziehe heize heize heize jetzt jetzt jetzt jetzt` ⊓⊔
16 `zart kurz zeige zelte zahle ziehe heize jetzt zart kurz zur` ⊓⊔
17 `zergeht zergeht zerstört zerstört zerlegt zerlegte zerlegte` ⊓⊔

18 `zur zart kurz zahlte zeigt zerstört gezeigt zerlegt geheizt` ⊓⊔
19 `Zahl Zahl Zahl Zeit Zeit Zeit Ziel Ziel Ziel Zahl Zeit Ziel`
20 `Zeuge Zeuge Zeuge Zitat Zitat Zitat Zeuge Zitat Zeuge Zitat`

Lernkontrolle

21 `Ute zeigte es ihr. Ruth stellte es auf. Jutta zahlte jetzt.`
22 `Til zögerte jetzt. Kurt zeigt es jetzt. Jörg legte es dazu.`
23 `Dieter zielte gut. Jutta startet heute. Die Frist ist kurz.`

Sofortkorrekturen: Einfügen von Textteilen

- Texteinfügungen nimmt man im Einfügemodus vor. Der Einfügemodus ist die Standardeinstellung. Der Cursor muss an die Textstelle geführt werden, an der die Einfügung vorzunehmen ist. Bei der Einfügung verschiebt sich der Text rechts vom Cursor nach rechts. Der Zeilenumbruch geschieht automatisch.
- Einfügungen sind durch ⌈ zu kennzeichnen.

Zeile

24 Er zeigte es ihr. Sie leitete alles. Er hat es ihr⌈gezeigt. ⌈heute
25 Sie zahlte⌈heute. Er zögerte zuerst. Sie hatte es zerstört. ⌈erst
26 Er riet ihr dazu. Sie hat es⌈gehört. Er erledigte es jetzt. ⌈jetzt
27 Er startet⌈heute. Sie teilte es aus. Sie zahlte erst heute. ⌈erst

Buch +Web

28 Er zahlt es⌈aus. Du hast es gehört. Sie hat es ihr gezeigt. ⌈heute
29 Er teilt es aus. Sie legte es⌈dazu. Er hörte es erst heute. ⌈ihr
30 Es ist erledigt. Du hast ~~es gesagt~~. Er zeigte es ihr jetzt. ⊢ gezögert

31 Sie hielt es fest. Du zeigst es ihr. Er erfuhr heute alles. ⊓⊔
32 Er stellte es her. ~~Sie teilt~~ es aus. Sie zerlegte es jetzt. ⊢ Er stellt
33 Sie sah es zuerst. Er kaufte es ihr. Er sagt es sehr ruhig. |ꝺ ⌊te

Cursorführung

Tasten	Wirkung	Tasten	Wirkung
Strg + ↑	Anfang des Textblockes	Strg + ↓	Ende des Textblockes
Strg + Pos 1	erstes Zeichen des Textes	Strg + Ende	letzte Zeile des Textes
Bild ↑	Bildschirmseite nach oben	Bild ↓	Bildschirmseite nach unten

Mit dem Mauszeiger bringen Sie den Cursor ebenfalls in die gewünschte Position. Danach ist die linke Maustaste anzuklicken.

Befehle zurücknehmen

- Um zu erreichen, dass ein bereits eingegebener Befehl zurückgenommen wird, geben Sie Strg + Z ein. Auf diese Weise können Sie auch mehrere Befehle zurücknehmen. Es ist auch möglich, dafür das Symbol ↶ anzuklicken.

Öffnen von Dateien

- Damit Sie eine gespeicherte Datei bearbeiten können, müssen Sie diese in den Arbeitsspeicher zurückholen. Wenn die Datei im Arbeitsspeicher steht, ist sie auf dem Bildschirm sichtbar. Zu diesem Zweck klicken Sie die Schaltflächen **Datei** und **Öffnen** an. Möchten Sie eine Datei verwenden, die Sie zuvor bearbeitet haben, klicken Sie **Zuletzt verwendet** an, sonst **Durchsuchen**. Klicken Sie nun den gewünschten Ordner und den Dateinamen an.

Arbeitsablauf

Datei — Öffnen — Zuletzt verwendet oder Durchsuchen anklicken — Ordner wählen — Dateinamen anklicken

Aufgabe

Steuern Sie die Anfänge und Enden der Textblöcke, den Textanfang und das Textende an.

4.10 Buchstaben v und m

Wiederholung

Zeile 1 Kurt zögerte zuerst. Ute zahlte jetzt. Sie hörte das Zitat.
2 Ruth erledigt alles. Kurt legt es auf. Ilse stellt es dazu.

Der linke Zeigefinger tastet rechts tief zum v.

Der rechte Zeigefinger tastet rechts tief zum m.

Die Schreibfinger kehren nach dem Tastenanschlag sofort in die Grundstellung zurück. Gleichmäßiges Schreiben wirkt fehlerverhütend!

Buchstabierwörter

V = Völklingen

M = München

Erarbeitung des v

3 fvf fvf fvf vfv vfv vfv fva fva fva vfs vfs vfs ivf ivf ivf
4 vier vier vier viel viel viel vier viel vier viel vier viel
5 vage vage vage völlig völlig völlig vage völlig vage völlig

Festigung

6 verlief verlief verfasst verfasst verfahre verfahre verlege
7 verlade verlade verziehe verziehe verreise verreise versage
8 verlief verfasst verfahre verlade verzeihe verreise versagt

9 vier viel vage völlig verlief verfasst verlegt versagt viel
10 Visa Visa Visa Visa Vase Vase Vase Vase Visa Vase Visa Vase
11 Verlag Verlag Verlag Verkauf Verkauf Verkauf Verlag Verkauf

Erarbeitung des m

12 jmj jmj jmj mjm mjm mjm jmö jmö jmö mjl mjl mjl emj emj emj
13 mal mal mal mir mir mir mit mit mit mal mir mit mal mir mit
14 kam kam kam dem dem dem zum zum zum ihm ihm ihm kam zum ihm

Festigung

15 möge möge möge mehr mehr mehr kaum kaum kaum möge mehr kaum
16 allem allem immer immer damit damit allem immer damit immer
17 mal mir mit kam dem zum ihm möge mehr kaum allem immer mehr

18 vermeide es, vermerke es, gut gemerkt, mit ihm, immer mehr,
19 Markt Markt Markt Markt Miete Miete Miete Markt Miete Markt
20 Meister Meister Meister Metall Metall Metall Meister Metall

Lernkontrolle

21 Sie verkaufte viel. Jeder malte damit. Diesmal verreist er.
22 Er versteht es gut. Er kauft die Vase. Eva kam mit dem Zug.
23 Tim verreist jetzt. Maria geht zu ihm. Helmut vermerkte es.

24 Eva versteht alles. Vater hörte Musik. Mike kauft das Mehl.
25 Er zahlt die Miete. Markus meldete es. Vera fuhr zur Messe.
26 Meike markierte es. Tim sah die Kurve. Mark verkauft Filme.

Lernkontrolle

Zeile 27 vermeide es, er vermied es, vermerke es, jeder malte damit,
28 kaum gehört, gut gemerkt, damals versagt, jedem mitgeteilt,
29 viermal gefragt, immer damit vertraut, verladet dies jetzt.

30 Sie vermerkte es. Eva geht heute zu ihm. Er verriet es ihm.
31 Er vertraute ihm. Darum verlegte sie es. Jeder versteht es.
32 Sie verzeiht ihm. Diesmal verreiste sie. Er verkaufte viel.
33 Tim teilt es mit. Maria ist immer aktiv. Er kauft die Vase.

Aufgaben

a) *Korrigieren Sie etwaige Schreibfehler in den vorstehenden Übungen.*

b) *Erfassen Sie die folgenden Zeilen in der ursprünglichen Fassung. Führen Sie die Korrekturen erst aus, wenn Sie alle Zeilen erfasst haben.*

Buch +Web

c) *Speichern Sie unter dem Dateinamen* **vvmm** *und drucken Sie die Übungen aus.*

34 Sie verriet es ihm. Er verreiste ~~heute~~. Vertraue ihm immer. |r ⊢ jetzt
35 Er verkauft es iht. Sie sagte es immer. Sie hat es gemerkt. |te ⌞m ⌞ß
36 ~~Du~~ hast es verlegt. ~~Er~~ verlud es jetzt. Er verteilte alles. ⊢Er |ß ⊢Sie

37 Verleihe es ~~heute~~. Er versteht es gut. Er kam immer zu ihr. ⊢immer |m
38 ~~Sie~~ kam immer mit. Darum ve~~rlud~~ er es. Du hast es verkauft. ⊢Er ⊢rriet
39 Darum verreist ~~er~~. Teilt es jetzt auf. Er verstellt es ihm. ⊢du |r

Dokumentansichten

- Dokumentansichten stellen Sie im Register **Ansicht** ein. Im **Lesemodus** bekommen Sie zwei Leseseiten angezeigt. Für das Erstellen von Webseiten für das Internet ist die **Weblayout-Ansicht** bestimmt. Für Textgliederungen, z. B. mit Inhaltsverzeichnissen, empfiehlt sich die **Gliederungsansicht.** Die **Entwurfsansicht** reicht zum Erfassen einfacher Texte aus. Als Standardeinstellung wählen Sie **Drucklayout**.

Arbeitsablauf

Ansicht — gewünschte Ansicht anklicken

Markieren über die Tastatur

Wort	F8 (zweimal) oder Strg + ⇧ + ⇨
Satz	F8 (dreimal)
Zeile	F8 + Ende
Absatz	Strg + ⇧ + ⇩
Text	Strg + A
Erweiterung (zeichenweise)	⇧ + ⇨
Spaltenmarkierung	Strg + ⇧ + F8 + ⇩ oder ⇨

Markieren mit der Maus

Wort	Mauszeiger auf das Wort und doppelklicken mit der linken Maustaste.
Satz	An einer beliebigen Stelle im Satz Strg -Taste herunterdrücken und linke Maustaste anklicken.
Zeile	Mauszeiger links neben die Zeile und Maustaste anklicken.
Absatz	Mauszeiger links neben den Absatz und doppelklicken mit der Maus.
Text	Mauszeiger links neben den Text, Strg -Taste herunterdrücken und linke Maustaste anklicken.

4.11 Buchstabe c

Wiederholung

Zeile 1 Eva markierte alles. Vera hörte Musik. Die Vase gefiel ihm.
2 Marita vermerkte es. Mark versteht es. Mike fuhr zum Markt.

Der linke Mittelfinger tastet rechts tief zum c.

Beim Tastenanschlag des c ist die linke Hand leicht auf den kleinen Finger gestützt. Die Grundstellung ist beim Tastenanschlag beizubehalten.

Buchstabierwörter

C = Chemnitz

Erarbeitung

3 dcd dcd dcd cdc cdc cdc dca dca dca cdö cdö cdö edc edc edc
4 dick dick sich sich auch auch euch euch dick sich auch euch
5 durch durch lacht lacht sucht sucht recht recht mache mache

Festigung

6 schaut schaut schief schiefe schmale schmales rasch rascher
7 dick auch durch lacht sucht recht schaut schief schmale ich
8 sachlich versuche mögliche gedruckt herrlich sachlich echte

9 versuche sachlich gedruckt herrlich mögliche versuche scheu
10 Chef Chef Chef Chef Chile Chile Chile Chile Chef Chile Chef
11 Chemie Chemie Christ Christ Celle Celle Chemie Christ Celle

Lernkontrolle

Anschläge

12 Erich versuchte es. Er versicherte es. Michael verglich es. 63
13 Vater kaufte Fisch. Vera erreichte es. Ihr gefiel das Tuch. 65
14 Mutter suchte auch. Erich schaffte es. Eva richtete es aus. 63
15 Achim suchte jetzt. Christa machte es. Er druckt die Zeile. 64

Aufgaben

a) Korrigieren Sie etwaige Schreibfehler in den vorstehenden Übungen.

b) Erfassen Sie die folgenden Zeilen in der ursprünglichen Fassung. Führen Sie die Korrekturen erst aus, wenn Sie alle Zeilen erfasst haben.

c) Speichern Sie unter dem Dateinamen **cc** *und drucken Sie die Übungen aus.*

Buch +Web

16 ~~Das~~ Tuch ~~liegt~~ auf dem Tisch. Achim druckte die Grafik aus. Dieses lag
17 Der Chef mietete diese Halle. Diese Schrift ist deutlicher.
18 Sie teilt es schriftlich mit. Sicher erreicht ~~sie~~ das Ziel. te er
19 ~~Eva~~ machte darauf aufmerksam. Erich versucht es vielleicht. Tim te

20 Er macht sich damit vertraut. ~~Michael~~ verglich alle Fehler. te Markus
21 Christa verlegte dieses Tuch. Frau Schulze leerte ~~das~~ Fach. dieses
22 Claudia kam direkt aus ~~Celle~~. Christa druckt die Zeile aus. Chile
23 Dieser Artikel kam aus ~~Chile~~. Michaela diskutiert sachlich. Celle

4.12 Buchstaben b und n

Wiederholung

Zeile

1 Der Vertreter kam aus Chile. Achim erreicht sicher das Ziel.
2 Sascha macht vielleicht mit. Dieses Tuch gefiel Claudia gut.

Der linke Zeigefinger tastet gespreizt rechts tief zum b.

Der rechte Zeigefinger tastet links tief zum n.

Um die Tasten b und v sowie m und n nicht zu verwechseln, sind Griffrichtung und -entfernung genau zu beachten. Beim Tastenanschlag ist die Schreibhand leicht auf den kleinen Finger gestützt. Die Schreibfinger kehren nach dem Tastenanschlag sofort in die Grundstellung zurück.

Buchstabierwörter

B = Berlin

N = Nürnberg

Erarbeitung des b

3 fbf fbf fbf bfb bfb bfb fba fba fba bfö bfö bfö vfb vfb vfb
4 bis bis bis bei bei bei hab hab hab bis bei hab bis bei hab
5 bald bald bist bist habe habe lebe lebe bald bist habe lebe

Festigung

6 bilde bilde beide beide blieb blieb bitte bitte beste beste
7 bekam bestellt besteht bezieht besuchte begleicht beachtete
8 breit breit bricht bricht habt habt lebt lebt breit brachte

9 bis bei bald habe bilde bitte bekam breit habt bestellt bei
10 Bild Bild Bild Bild Buch Buch Buch Buch Bild Buch Bild Buch
11 Blatt Blatt Blatt Bitte Bitte Bitte Blatt Bitte Blatt Bitte

Erarbeitung des n

12 jnj jnj jnj njn njn njn jnö jnö jnö nja nja nja enj enj enj
13 nah nah nah nie nie nie neu neu neu den den den nie neu den
14 bin bin bin man man man und und und nur nur nur man und nur

Festigung

15 nach nach fand fand lang lang kann kann nach fand lang kann
16 kein hatten mitten suchen stehen können finden nennen neuen
17 nach mitten stehen hatten finden nennen suchen können sehen

18 nah nie neu den bin man und nur nach fand lang hatten gehen
19 Netz Netz Netz Netz Name Name Name Name Netz Name Netz Name
20 Nacht Nacht Nacht Natur Natur Natur Nacht Natur Nacht Natur

Lernkontrolle

Anschläge

21 Beate besuchte uns. Eva nahm das Bild. Anja handelt danach. 64
22 Sandra bezahlte es. Tanja rief uns an. Kirsten kam gestern. 63
23 Jan fand sein Buch. Stefan belegte es. Rainer nimmt es mit. 64

24 Hans fuhr gestern nach Berlin. Tanja rief uns aus Essen an. 64
25 Daniela berichtet aus Belgien. Armin gibt Hans den Bericht. 65
26 Bastian besuchte uns am Abend. Nadine begleicht den Betrag. 64

4.13 Buchstaben w und o

Wiederholung

Zeile
1 Bereits im Februar lieferte die Firma Beckmann neue Tische.
2 Nun benötigt der Hersteller dringend einige neue Maschinen.

Der linke Ringfinger tastet links hoch zum w.

Der rechte Ringfinger tastet links hoch zum o.

Die Zeigefinger sind die Stützfinger für w und o. Beim Tastenanschlag ist die Schreibhand etwas nach oben gedreht. Nach dem Tastenanschlag kehren die Schreibfinger sofort in die Grundstellung zurück.

Buchstabierwörter

W = Wuppertal

O = Offenbach

Erarbeitung des w

3 sws sws sws wsw wsw wsw swf swf swf wsö wsö wsö iws iws iws
4 wie wie wie was was was wir wir wir wie was wir wie was wir
5 war war war war wer wer wer wer wie was wir war wer wie was

Festigung

6 wird wird will will wann wann wenn wenn weil weil weit weit
7 wieder wieder welche welche werden werden wenige wenige wer
8 gewesen zwischen schwimmt schwache schweres geschwiegen wem

9 in dem Werk, aus dem Wege, gegen ihren Willen, an der Wand,
10 mit dem Wagen, sauberes Wasser, einige Wörter, sein Wunsch,
11 die Waren, nach der Wahl, einen Zweck haben, keine Zweifel,

Erarbeitung des o

12 lol lol lol olo olo olo loj loj loj olg olg olg fol fol fol
13 los los los los lobe lobe lobe lobe soll soll soll soll los
14 voll voll voll voll los lobe soll voll los soll volle loben

Festigung

15 so so so oft oft vor vor oder oder oben oben fort fort doch
16 ob ob ob vom vom von von oben oben ohne ohne noch noch hoch
17 schon schon sonst sonst kommt kommt wollte wollte besonders

18 der kleine Ort, ohne Worte, ohne Folgen, besondere Erfolge,
19 die Kosten, unser Volk, am Boden, am Morgen, in guter Form,
20 beste Sorten, diese Stoffe bestellt, Montag und Donnerstag.

Lernkontrolle

Anschläge

21 Diese Wohnung soll nun doch Anfang November bezogen werden. 64
22 Im Oktober möchten wir noch weitere Sommerstoffe bestellen. 62
23 Vor zwei Wochen wurde uns Ihr Sonderangebot auch zugesandt. 64

24 Einige Wissenschaftler nahmen an dem Kongress in Bonn teil. 64
25 Mit der Werbung wollen wir in den kleineren Orten beginnen. 63
26 Die modernen Stoffe sind heute Morgen bei uns eingetroffen. 63

Lernkontrolle

Anschläge

Zeile 27 Teilen Sie uns mit, ob wir die Waren jetzt absenden sollen. 63
28 Der Werksleiter kommt schon morgen zu Ihnen nach Oldenburg. 64
29 In einer Zweigniederlassung wurde auch am Abend gearbeitet. 63

30 Im kommenden Monat wird Sie unser Vertreter erneut beraten. 63
31 Im November wollen wir noch weitere Sommerstoffe bestellen. 63
32 Der Bewerber fertigte seinen Lebenslauf in Tabellenform an. 64

Aufgaben

a) Korrigieren Sie etwaige Schreibfehler in den vorstehenden Übungen.

b) Erfassen Sie die folgenden Zeilen in der ursprünglichen Fassung. Führen Sie die Korrekturen erst aus, wenn Sie alle Zeilen erfasst haben.

Buch +Web

c) Speichern Sie unter dem Dateinamen **wwoo** *und drucken Sie die Übungen aus.*

33 Die Waren trafen gestern in unserem Zweigwerk in ~~Herne~~ ein. Essen
34 Unser Vertreter kommt morgen zu Ihnen ~~direkt~~ nach Dortmund. sofort ∫
35 Er möchte Ihnen dann ~~auch~~ unser neues Sortiment vorstellen. gern

36 Alle Kunden erwarten ~~schon~~ die Muster der neuen Kollektion. jetzt
37 Wenn Sie ~~jetzt~~ bestellen, werden ~~wir~~ Sie schnell be~~liefern~~. sofort ∫ auch dient
38 Die Nachfrage nach ~~diesen Wollstoffen~~ stieg noch weiter an. den Sommerkleidern

39 Informieren Sie uns, welche ~~Sorten~~ unsere Kunden verlangen. Muster
40 Ein Kunde frag~~t~~, ob Sie auch noch ~~weitere~~ Modelle anbieten. te neuere
41 Weitere Modelle gehören aber ~~noch~~ nicht zu unserem Angebot. ∫ mehr

Prüfen Sie Ihr Wissen

1. *Erklären Sie den Vorgang des Öffnens von Dateien.*
2. *Was geschieht im Hauptspeicher, wenn Sie eine Datei schließen?*
3. *Geben Sie einen Überblick über die Markierfunktionen.*
4. *Wie erreichen Sie mit einem Cursorsprung den Textanfang?*
5. *Welche Ansichten können Sie einstellen?*
6. *Welche Möglichkeiten haben Sie, Befehle rückgängig zu machen?*
7. *Sie wollen an einem gespeicherten Text nachträglich eine Textstelle verändern. Der Text befindet sich nicht mehr im Hauptspeicher. Welche Arbeitsschritte sind notwendig, um den Text zu bearbeiten und danach dauerhaft zu sichern?*

Tintenstrahldruck und Laserdruck

- **Tintenstrahldrucker** erzeugen die Schriftzeichen mit Farbflüssigkeit, die aus Tintenbehältern zur Druckstelle gepumpt und durch feine Düsen auf das Papier übertragen wird.
- Der Druckvorgang beim **Laserdruck** (elektrofotografisches Verfahren) ist mit dem elektrostatischen Kopierverfahren vergleichbar. Ein Zwischenbildträger wird an bestimmten Stellen durch Laserstrahlen entladen. Durch Toner (Farbflüssigkeit oder -pulver) wird die Schrift sichtbar. Der Zeichenabdruck geschieht zeilen- oder seitenweise.

4.14 Buchstabe x und Doppelpunkt

Wiederholung

Zeile
1 Informieren Sie uns, welche Sorten unsere Kunden verlangen.
2 Ein Kunde fragt, ob Sie auch noch weitere Modelle anbieten.

Der linke Ringfinger tastet rechts tief zum x.

Der linke kleine Finger bedient den Umschalter, während der rechte Ringfinger rechts tief zum Doppelpunkt tastet.

Beim Tastenanschlag ist die Schreibhand leicht zu drehen. Auch Schreibtasten mit seltenen Buchstaben muss man sicher anschlagen können. Durch konzentriertes Arbeiten und gleichmäßiges Schreiben sind Fehler zu verhindern.

Buchstabierwort

X = Xanten

- Nach dem Doppelpunkt folgt ein Leerzeichen.

Erarbeitung des x

3 sxs sxs sxs xsx xsx xsx sxf sxf sxf xsu xsu xsu ixs ixs ixs
4 mixe mixe mixe boxe boxe boxe mixe mixe boxe boxe mixe boxe
5 mixt boxt mixen boxen gemixt geboxt mixt boxt gemixt geboxt

Festigung

6 exakt exakt exakt extrem extrem extrem extra extra exaktes,
7 recht fix, richtig mixen, wieder geboxt, exakt dargestellt,
8 ihre exakte Schrift, extreme Bedingungen, extra neu gemixt,

9 verschiedene Texte, mit dem Taxi fahren, Textilien gekauft,
10 nicht existieren, die Existenz bedroht, das Examen ablegen,
11 im Exil leben, nach Mexiko reisen, im Lexikon nachschlagen.

Erarbeitung des Doppelpunktes

12 l:l l:l l:l :l: :l: :l: l:j l:j l:j :la :la :la el: el: el:
13 Name: Wolfermann, Vorname: Walter, Geburtsort: Wernigerode.
14 Einkaufsleiter: Herr Wolf, Sachbearbeiterin: Frau Wichmann.

Festigung

15 Verben: sagen, kommen, geben, finden, sehen, mögen, halten.
16 Substantive: Frau, Herr, Zeit, Jahr, Recht, Leben, Schritt.
17 Adjektive: schlecht, ruhig, nieder, schwarz, dunkel, breit.

Lernkontrolle

Anschläge

18 Diese Texte sollten schon am Mittwoch in Xanten eintreffen. 64
19 Die Textilwaren werden am Donnerstag nach Cuxhaven gesandt. 64
20 Diese Luxusartikel sollen extra nach Mexiko gesandt werden. 63

21 In dieser Region ist die Existenz einiger Betriebe bedroht. 64
22 Mit dem Inhalt des Textes sollte er sich auseinandersetzen. 63
23 Gestern Abend ist Max mit dem Autobus nach Xanten gefahren. 65

24 Wer mit Textbausteinen arbeitet, benötigt ein Texthandbuch. 63
25 An der Konferenz nehmen teil: Beatrix und Alexander Winter. 66
26 Als Auszeichnungen sind vorgesehen: Medaillen und Urkunden. 65

4.15 Buchstaben q und p

Wiederholung

Zeile 1 sehr extrem, die Texte gelesen, Maximalforderungen erhoben,
2 die Existenzgrundlagen, Kenntnisse in der Textverarbeitung.

Der linke kleine Finger tastet links hoch zum q.

Der rechte kleine Finger tastet links hoch zum p.

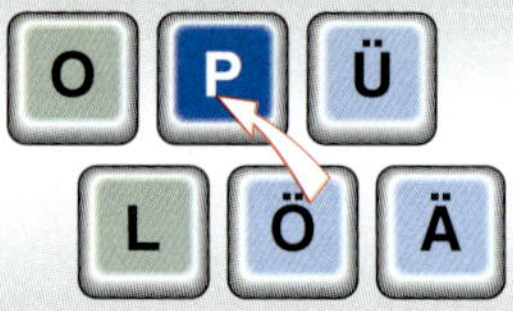

Die Zeigefinger sind die Stützfinger für q und p. Beim Tastenanschlag wird die äußere Schreibhand etwas nach oben gedreht. Nach dem Anschlag kehren die Schreibfinger sofort in die Grundstellung zurück.

Buchstabierwörter

Q = Quickborn

P = Potsdam

Erarbeitung des q

3 aqa aqa aqa qaq qaq qaq aqf aqf aqf qai qai qai qua qua qua
4 qua qua qua que que que qui qui qui quo quo quo qua que qui
5 que quer quer quer quakt quakt quakt quoll quoll quoll quer

Festigung

6 quitt quitt quittieren quittierte bequem bequemes erquicken
7 erquicken quittieren bequeme erquicken quittierten bequemes
8 quer quakt quoll quittieren bequem erquicken quer quittiert

9 die Qual, der Quark, starker Qualm, das Quadrat, die Quote,
10 an der Quelle, bei dem Quiz, die Quittungen unterschreiben,
11 das Quecksilber, die Qualifikation, die bequemen Quartiere.

Erarbeitung des p

12 öpö öpö öpö pöp pöp pöp öpj öpj öpj pöt pöt pöt epö epö epö
13 pa pa pe pe pi pi po po ap ap ep ep ip ip op op sp sp mp mp
14 paar paar paar parkt parkt parkt packe packe packte gepackt

Festigung

15 passiv passive privat privates planen plante passive plante
16 sparen sparen spielt spielte sprach sprach gespart gespielt
17 empfinden empfinden empfangen empfangen empfehlen empfehlen

18 die Partei, der Preis, die Person, der Platz, ihre Papiere,
19 ohne Protest, auf dem Kopf, hohes Kapital, Sport und Spiel,
20 im Mittelpunkt sein, einige Gruppen, empfindliche Pflanzen.

Lernkontrolle

Zeile		Anschläge
21	Der Mitarbeiter quittiert den Empfang der Personalcomputer.	64
22	Trotz des Protestes haben die Politiker nichts unternommen.	63
23	Alle Parteien wollen nun dieses Problem gemeinsam erörtern.	63
24	In der Anzeige bietet dieses Unternehmen bequeme Sessel an.	64
25	Die Produktion soll im April noch einmal gesteigert werden.	63
26	Der Sachbearbeiter kann den Empfang der Sendung quittieren.	63

4.16 Buchstabe y – Kurzstrich

Wiederholung

Zeile 1 genau geplant, empfohlen worden, Platz nehmen, diese Quote,
2 sehr bequem, eine Quittung, mehrere Gruppen, an der Quelle.

Der linke kleine Finger tastet rechts tief zum y.

Der rechte kleine Finger tastet rechts tief zum Kurzstrich.

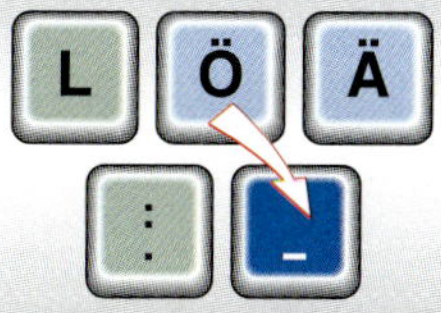

Beim Tastenanschlag ist die äußere Hand leicht nach unten gedreht. Durch gleichmäßiges Schreiben verhindert man Fehler.

Buchstabierwort

Y = Ypsilon

Erarbeitung des y

3 aya aya aya yay yay yay ayf ayf ayf yah yah yah lya lya lya
4 ly ly hy hy my my zy zy py py gy gy ty ty sy sy ly hy my zy
5 bay bay bayerisch bayerisch bayerisch bayerische, in Bayern

Festigung

6 lyrisch lyrisch typisch typisch physisch physisch lyrisches
7 symbolisch systematisch analysieren symbolische analysierte
8 saubere Typen, kein neues System, eine Analyse vorgenommen,

9 in die City gefahren, um Asyl gebeten, alle Symbole kennen,
10 keine Sympathie, das Gymnasium besuchen, bei der Olympiade.
11 Von Syrien aus wird der Minister jetzt nach Libyen fliegen.

- Wörter werden nach Sprechsilben getrennt. „ck“ wird bei der Worttrennung nicht getrennt.
- Beim Ergänzungsstrich folgt das Leerzeichen vor oder hinter dem Strich. Der Bindestrich wird ohne Leerzeichen geschrieben.

Erarbeitung des Kurzstrichs

12 ö-ö ö-ö ö-ö -ö- -ö- -ö- ö-j ö-j ö-j -ös -ös -ös rö- rö- rö-
13 lö- se, lö- se, lö- se, mö- gen, mö- gen, hö- ren, hö- ren,
14 la- de, le- be, he- be, we- ben, ha- ben, et- was, reg- te,

Festigung

15 Be- cher, Fla- schen, Spit- ze, Knos- pen, Ei- er, Mau- er,
16 ba- cken, we- cken, bes- te, kos- ten, ges- tern, lus- tig,
17 west- lich, Diens- tag, Haus- tier, Rech- nung, Schu- lung,

18 auf- und abladen, ein- und aussteigen, ein- und ausgegeben,
19 Ein- und Ausfuhr, Nah- und Fernziel, Postein- und -ausgang,
20 Berlin-Steglitz, Theodor-Heuss-Allee, Konrad-Adenauer-Haus.

Lernkontrolle

Anschläge

21 Karl-Heinz will nun das Friedrich-Ebert-Gymnasium besuchen. 65
22 Philipp Frey geht seit September zur Heinrich-Heine-Schule. 66
23 Das Ludwig-Erhard-Gymnasium bekam jetzt auch neue Computer. 65

- Vor und hinter dem Gedankenstrich, Streckenstrich oder dem Zeichen für „gegen“ bleibt je ein Leerzeichen. Dafür verwenden Sie den Langstrich.

Lernkontrolle

Zeile | Anschläge

```
Der Athlet unternahm mehrere Versuche – leider ohne Erfolg.   64
Dann aber – nach kurzer Zeit – versuchte er es noch einmal.   62
Ein Aufschrei unter den Zuschauern – er hatte es geschafft.   63
Viele Urlauber befuhren die Autobahn Hannover – Oberhausen.   65
Das Endspiel Mönchengladbach – Leverkusen ist in Frankfurt.   65
```

Sofortige Worttrennung

- Die Worttrennung kann während der Texteingabe oder nachträglich erfolgen. Während der Texteingabe oder wenn das Programm keinen Trennvorschlag unterbreitet, sollen Sie einen bedingten Trennstrich eingeben, der bei Löschungen oder Einfügungen von Textteilen automatisch zurückgenommen wird. Dazu ist der Befehl Strg + – erforderlich. Die anderen Anwendungsfälle sind in „fester Form“ (nur mit dem Kurzstrich) einzugeben.

Aufgabe

Geben Sie den Text mit bedingten Worttrennungsstrichen ein. Die Einfügungen oder Löschungen sind erst vorzunehmen, nachdem Sie den Text vollständig erfasst haben.

Buch +Web

```
Den ~~neuen~~ Auftrag erteilen wir der Firma ~~Neumeyer~~ in ~~Biele-   Schley Oberhau-
feld~~. Das Angebot sagt uns zu. Die ~~Lieferungs- und~~ Zahlungs-   sen
bedingungen entsprechen unseren Vorstellungen. Bitte erkun-
digen Sie sich, ob die benötigten Stoffe schon bis Donners-   sofort
tag geliefert werden können. Danach bestellen wir umgehend.
```

Nachträgliche Worttrennung

- Nachdem Sie einen Text erfasst haben, sollten Sie die Worttrennung vornehmen, um einen gleichmäßigen rechten Rand zu bekommen. Sie aktivieren dazu im Register **Layout** in der Gruppe **Seite einrichten** die Funktion **Silbentrennung.** Eine automatische Worttrennung sollten Sie nicht wählen, weil die Trennvorschläge nicht immer mit den Rechtschreibregeln übereinstimmen. Das ist besonders oft in Wortzusammensetzungen bei der Trennung von „st“ der Fall. Sie entscheiden sich stattdessen für **Manuell** und prüfen, ob die Trennvorschläge mit den Rechtschreibregeln übereinstimmen, und verändern Sie, wenn der Vorschlag nicht korrekt ist. Unter **Silbentrennungsoptionen** stellen Sie ein, ob Sie Wörter, die in Großbuchstaben hervorgehoben sind, auch trennen wollen. Abweichend von der Standardeinstellung von 0,75 cm können Sie die Silbentrennzone neu festlegen.

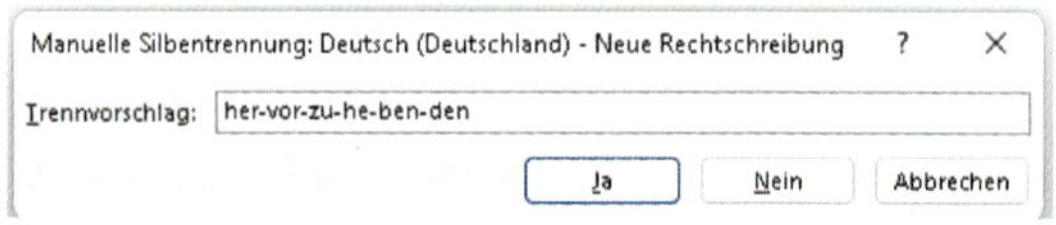

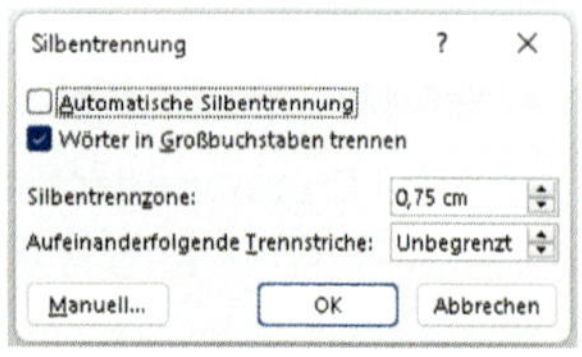

Arbeitsablauf

Layout – Silbentrennung – Manuell – Trennvorschläge prüfen – ja oder nein oder verändern – OK

Aufgaben

a) Geben Sie den Text ohne Worttrennungen ein.

b) Nachdem Sie den Text vollständig erfasst haben, nehmen Sie die Worttrennungen vor.

c) Speichern Sie unter dem Dateinamen **Worttrennung** *und drucken Sie.*

Buch +Web

```
Ihre Bewerbung haben wir erhalten. In dem Reisebezirk
Norddeutschland wollen wir jetzt noch einen weiteren
Reisevertreter einstellen. Alle Bewerber möchten wir auch
persönlich kennenlernen.

Bitte besuchen Sie uns noch in der kommenden Woche in
unserer Hauptverwaltung. Informieren Sie uns, wenn Sie
verhindert sein sollten.
```

4.17 Buchstabe ä

Wiederholung

Zeile 1 eine genaue Analyse, diese Olympiade, physisch beansprucht.
2 Beatrix Mayer wohnt in der Friedrich-Ebert-Allee in Speyer.

Der rechte kleine Finger spreizt rechts waagerecht zum ä.

Stützfinger für den rechten kleinen Finger ist der Zeigefinger. Beim Tastenanschlag bleiben die anderen Finger in der Grundstellung. Nach dem Tastenanschlag kehrt der Schreibfinger sofort in die Grundstellung zurück.

Buchstabierwort

Ä = Umlaut Aachen

Erarbeitung

3 öäö öäö öäö äöä äöä äöä öäj öäj öäj äöh äöh äöh täö täö täö
4 läge läge läge käme käme käme wäre wäre wäre läge käme wäre
5 sähe sähe sähe hält hält hält spät spät spät sähe hält spät

Festigung

6 hätte hätte fähig fähig wählt wählt fängt fängt hätte fängt
7 ändern ändern längst längst drängt drängt ständig zuständig
8 hängen hängen zählen zählen zähmen zähmen spätere verspätet

9 die Ähren, dieser Ärger, einige Ärzte, wichtige Änderungen,
10 diese Pläne, nicht erwähnt, darauf drängen, die Vorschläge,
11 alle Käufer, die Gespräche, in den Häusern, mehrere Städte,
12 diese Bände, gute Qualität, an den Ständen, in den Ländern.

Lernkontrolle

Zeile	Text	Anschläge
13	Viele Käufer schätzen die gute Qualität dieser Erzeugnisse.	64
14	Das Geschäft will nur qualifizierte Verkäufer beschäftigen.	63
15	Der Geschäftsinhaber fährt schon am nächsten Dienstag fort.	63
		190
16	In ähnlichen Fällen war der Verkäufer sehr entgegenkommend.	63
17	Grundsätzlich sind Vorfälle dieser Art von uns aufzuklären.	63
18	Dieser Einzelhändler bietet nur die allerbeste Qualität an.	63
		189

Aufgaben

a) Korrigieren Sie etwaige Schreibfehler der vorstehenden Übungen.

b) Geben Sie den Text in der ursprünglichen Fassung ein. Führen Sie die Korrekturen aus, nachdem Sie alle Zeilen erfasst haben.

c) Speichern Sie unter dem Dateinamen **ä** *und drucken Sie.*

Buch +Web

19 Die bestellten Bänke können wir ⌈am ~~nächsten~~ Montag liefern. — ⌈erst ⊢ ₰
20 ~~Erst i~~m nächsten ~~Monat~~⌈ können Sie die Eckschränke erhalten. — ⊢A ⊢⌈ Donnerstag
21 Durch hohe Auftragseingänge verzögert sich die ~~Be~~lieferung. — ⊢Ausl
22 Wir verständigen Sie⌈, wenn wir die Schränke liefern können. — ⌈ sofort

23 Selbstverständlich bieten wir Ihnen auch ~~Eichens~~chränke an. — ⊢andere S
24 Wir planen, die Ausstellungs~~räume~~⌈ noch einmal zu erweitern. — ⊢⌈ fläche
25 Es ist dann⌈möglich, sich diese Schränke bei uns anzusehen. — ⌈auch
26 Unsere Verkäuferin, Frau ~~Hildegard~~ Schäfer, berät Sie gern. — ⊢Ingrid

4.18 Buchstabe ü

Wiederholung

Zeile
1 In der Nähe unseres Geschäfts ereigneten sich zwei Unfälle.
2 Auf dem Ausstellungsgelände wurden einige Stände aufgebaut.

Der rechte kleine Finger spreizt rechts hoch zum ü.

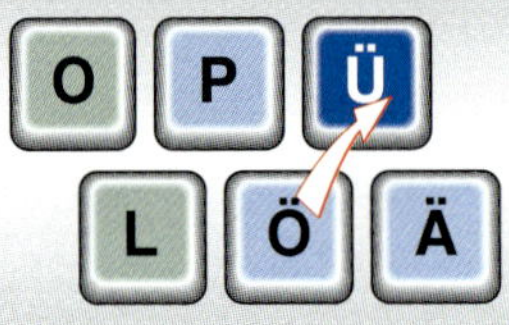

Die Griffe zum p und ü müssen unterschieden werden. Der Schreibfinger kehrt nach dem Tastenanschlag sofort in die Grundstellung zurück.

Buchstabierwort

Ü = Umlaut Unna

Erarbeitung

3 öüö öüö öüö üöü üöü üöü öüj öüj öüj üöa üöa üöa rüö rüö rüö
4 öüh öüh hüö hüö müö müö nöü nöü nüö nüö zöü zöü züö züö ünö
5 übe übe übe für für für füllt füllt füllt übe für füllt übe

Festigung

6 dürft dürft würde würde rückt rückt trübe trübe gütig gütig
7 müssen müssen fühlen fühlen nützen nützen züchten gezüchtet
8 kündigen kündigen genügend genügend wünschen wünschen kühle

9 müssen fühlen genützt züchten kündigen gewünscht ungenügend
10 übermütig überfüllen überflüssig rückständige rücksichtslos
11 die Übung, die Übernahme, die Übersetzung, die Überschüsse,

12 diese Güter, gute Wünsche, auf dem Rücken, genügend Gründe,
13 viel Glück, einige Bürger, reife Früchte, Rücksicht nehmen,
14 ohne Mühe, in Erfüllung, einzelne Stücke, bei dem Künstler.

Lernkontrolle

Zeile	Text	Anschläge
15	Auf der Rückfahrt hielt der Bus nur in München und Münster.	65
16	Die Schüler sind über die Prüfungsanforderungen informiert.	63
17	Es genügt doch, die Entscheidung nur mündlich zu begründen.	62
18	In der nächsten Ausgabe wird ausführlich darüber berichtet.	62
	252	
19	Die Ausschüsse prüfen, ob auch die Gebühren anzuheben sind.	63
20	Natürlich werden die Wünsche unserer Kunden berücksichtigt.	63
21	Die Firma Kühne will in Kürze weitere Grundstücke erwerben.	65
22	Firma Büchner bietet Eichentüren besonders preisgünstig an.	63
	254	
23	Rüdiger berichtete über den Aufenthalt auf der Insel Fünen.	64
24	Jürgen befürchtet einen Stau auf der Autobahn bei Nürnberg.	64
25	Zur Information übersenden wir alle gewünschten Broschüren.	63
26	Durch gründliches Üben erzielen Sie den erwünschten Erfolg.	64
	255	
27	Der Geschäftsfreund fährt in der nächsten Woche nach Düren.	64
28	Gute Verkäufer erfüllen natürlich die Wünsche ihrer Kunden.	64
29	Der Händler eröffnet in München ein Geschäft für Fahrräder.	65
30	Die Geschäftsfreunde wünschten dem Inhaber dazu viel Glück.	64
	257	

Aufgaben

a) Korrigieren Sie etwaige Schreibfehler der vorstehenden Übungen.

b) Speichern Sie unter dem Dateinamen ü *und drucken Sie.*

73970

4.19 Buchstabe ß

Wiederholung

Zeile 1 Die Bestellung würden wir auch in kürzester Zeit ausführen.
2 Der Händler bietet täglich frisches Gemüse preisgünstig an.

Beim Tastenanschlag ist die Hand nach oben gedreht. Die Fingerkuppe trifft die Taste in der Mitte. Nach dem Anschlag kehrt der Finger in die Grundstellung zurück.

Buchstabierwort

ß = Eszett

Erarbeitung

3 ößö ößö ößö ßöß ßöß ßöß ößj ößj ößj eßö eßö eßö üöß üöß üöß
4 oöß oöß oßö oßö äöß äöß äßö äßö üöß üöß üßö üßö oßö äßö üßö
5 stößt stößt stößt größte größte größte stößt größte größten

Festigung

6 ließ ließ ließ hieß hieß hieß weiß weiß weiß ließ hieß weiß
7 heiß heiß heiß bloß bloß bloß groß groß groß heiß bloß groß
8 gemäß gemäß mäßig mäßig süßes süßes müßig müßig mäßig süßes

9 stößt größte ließ hieß weiß heiß bloß groß mäßig süße müßig
10 der Fleiß, besten Gruß, sehr fleißig, Verträge abschließen,
11 die Späße, viele Grüße, die Äußerung, dieser große Maßstab.

Zeilensätze

Anschläge

12 Alle bedauerten, dass die Maßnahme zu spät ergriffen wurde. 62
13 Firma Große verständigte uns, dass das Fass geliefert wird. 63
14 Der Vorsitzende begrüßte, dass Herr Reiß sich dazu äußerte. 64
189

15 Das Problem, das mit Herrn Weiß erörtert wurde, ist gelöst. 64
16 Dies bedeutet, dass der Ausschuss darüber beschließen muss. 62
17 Dass Frau Weiß diese Äußerung machte, erwarteten wir nicht. 64
190

Lernkontrolle

18 Für das Gießener Werk ist Herr Meßner im Außendienst tätig. 66
19 Er besucht die Kunden regelmäßig und verbucht die Aufträge. 63
20 Bei den Kunden genießt jedoch Herr Reißmann den besten Ruf. 65
194

21 Frau Roß besucht die Kunden in einem großen Verkaufsgebiet. 64
22 Die Großhandlung Kißmer will einen Kaufvertrag abschließen. 64
23 Gewiss ist es nicht leicht, die Kaufverträge abzuschließen. 62
190

24 Jeder Mitarbeiter weiß, dass die gute Beratung wichtig ist. 63
25 Einige Großbetriebe wollen Frau Weiß die Aufträge erteilen. 65
26 Beim letzten Besuch ist ein großes Fass beanstandet worden. 63
191

Aufgaben

a) Korrigieren Sie etwaige Schreibfehler der vorstehenden Übungen.

b) Speichern Sie unter dem Dateinamen **Eszett** *und drucken Sie.*

4.20 Abkürzungen – Training – Rechtschreibprüfung

Abkürzungen

Zeile		Anschläge
1	Der Parteitag soll im Nov. n. J. in Oberhausen stattfinden.	65
2	Diese Arbeitsabläufe sind rationell, d. h., man spart Zeit.	62
3	Am Computer können Sie z. B. durch Fettschrift hervorheben.	63
4	Das Unternehmen bietet Schreibmaschinen, Büromöbel usw. an.	63
5	Im HGB sind gesetzliche Bestimmungen über die KG zu finden.	67
6	Das Verfahren bei Zivilprozessen ist in der ZPO festgelegt.	66
7	Das ZDF berichtete über das Spiel BV Borussia – VfL Bochum.	71
8	Die Gewichtseinheiten kg und g fehlten auf dem Preisschild.	63

- Ausgesprochene Abkürzungen (z. B. *evtl., d. J.* usw.) erhalten einen Punkt. Folgen zwei oder mehrere Abkürzungen aufeinander, werden sie mit Leerzeichen geschrieben.
- Hinter buchstäblich gesprochenen Abkürzungen (z. B. *HGB, GmbH*) oder amtlichen Abkürzungen (z. B. *EUR, m, kg*) steht kein Punkt.
- Um zu erreichen, dass zusammengehörige Textteile (z. B. Abkürzungen oder gegliederte Zahlen) am Zeilenende nicht auseinandergerissen werden, ist ein geschütztes Leerzeichen durch Strg + ⇧ + Leertaste einzugeben.

Rechtschreibübungen

Buch +Web

Zeile		Anschläge
9	Bei der Kontrolle sind noch weitere Mängel zutage getreten.	63
10	Das Unternehmen hat sich diese Technologie zunutze gemacht.	63
11	Der Mechaniker muss den Pkw bis heute Abend instand setzen.	64
12	Eine solche Entwicklung sollte man nicht außer Acht lassen.	63
13	Alle Politiker wollen maßhalten, um die Ausgaben zu senken.	64
14	Der Vorsitzende begrüßt die Anwesenden auf das Herzlichste.	64
15	Nach diesem Spiel waren die Zuschauer aufs Äußerste erregt.	64
16	Es ist am zweckmäßigsten, die Aufgaben sofort zu erledigen.	62
17	Im Großen und Ganzen sind wir mit diesem Verlauf zufrieden.	64
18	Vera dachte nicht im Geringsten daran, im Voraus zu zahlen.	63

Rechtschreibprüfung

Zur Fehlerprüfung von Eingabe-, Rechtschreib- und Grammatikfehlern aktivieren Sie in **Word 2021** im Register **Überprüfen** in der Gruppe **Rechtschreibung** die Funktion **Rechtschreibung und Grammatik**.

Editor

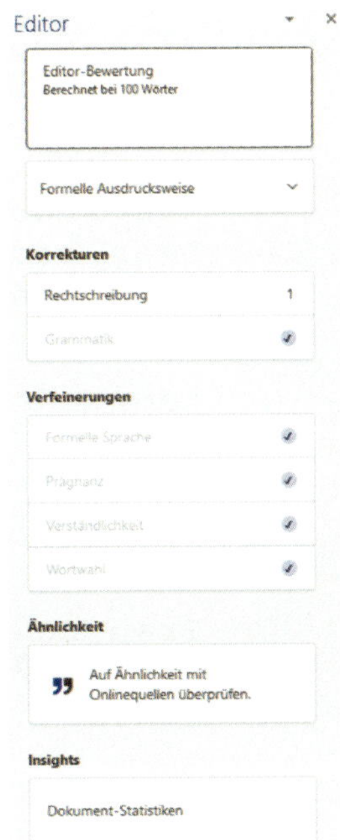

Um Texte auf Rechtschreib-, Grammatik- und Eingabefehler in **Word 365** prüfen zu können, klicken Sie im Register **Start** den **Editor** an. Er listet auf dem Bildschirm rechts neben dem Textbereich die „Formelle Ausdrucksweise", „Korrekturen Rechtschreibung" und „Korrekturen Grammatik" sowie „Verfeinerungen" auf.

Zum Korrigieren des Fehlers wird in den meisten Fällen ein Korrekturvorschlag unterbreitet. Hier ist das korrekt geschriebene Wort anzuklicken. Ist das Wort richtig geschrieben, haben Sie auch die Möglichkeit, **Einmal ignorieren, Alle ignorieren** oder **Zum Wörterbuch hinzufügen** anzuklicken.

Arbeitsablauf

Word 2021: Überprüfen — Rechtschreibung und Grammatik

Word 365: Start — Editor — Korrekturen Rechtschreibung — Korrekturvorschlag anklicken oder Einmal ignorieren, Alle ignorieren oder Zum Wörterbuch hinzufügen

4.21 Autokorrektur

- Unterlaufen Ihnen während der Texteingabe häufig dieselben Fehler, können Sie diese fehlerhaften Schreibungen in die Autokorrektur aufnehmen.
- Geben Sie das Wort fehlerhaft ein, korrigiert das Programm diesen Fehler automatisch. Auf diese Weise können Sie Fehler vermeiden.
- Um fehlerhafte Wörter in die Autokorrektur aufzunehmen, rufen Sie unter **Datei** in den **Optionen** die **Dokumentprüfung** auf. In dem Dialogfeld **AutoKorrektur-Optionen** geben Sie unter „Ersetzen“ das fehlerhafte Wort und unter „Durch“ die korrekte Schreibung ein. Danach klicken Sie **Hinzufügen** an. Es besteht auch die Möglichkeit, anstelle eines fehlerhaften Wortes eine Abkürzung einzugeben. Wenn Sie zuvor einen längeren Textabschnitt markiert haben, können Sie ihn durch eine Abkürzung abrufen. Auf diese Weise können Sie auch Textbausteine in die Autokorrektur aufnehmen.

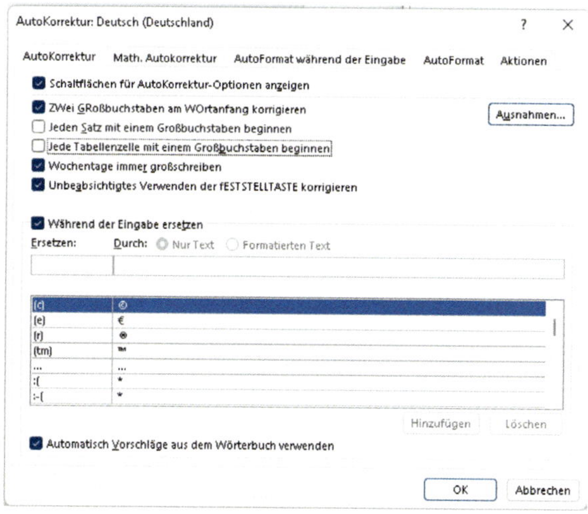

- Sie haben die Möglichkeit, noch weitere Einstellungen vorzunehmen. Haben Sie beim Erfassen des Textes den Umschaltfeststeller zu lange festgehalten, erscheint nach dem ersten Buchstaben auch der zweite Buchstabe eines Wortes als Großbuchstabe. Um diesen Fehler automatisch berichtigen zu können, wählen Sie „Zwei Großbuchstaben am Wortanfang korrigieren“.
- Ist die Option „Jeden Satz mit einem Großbuchstaben beginnen“ eingestellt, wandelt das Programm nach einem Punkt oder nach Bedienen der Return-Taste den ersten Buchstaben eines Wortes in einen Großbuchstaben um.
- In Tabellen sollten die Spaltenbezeichnungen immer großgeschrieben werden. Dies erreichen Sie, wenn Sie die Einstellung „Jede Tabellenzelle mit einem Großbuchstaben beginnen“ vornehmen. Darüber hinaus können Sie auch aktivieren, dass Wochentage immer großgeschrieben werden. Wenn Sie versehentlich den Umschaltfeststeller betätigen, hebt das Programm die Dauergroßschreibung auf, wenn Sie zuvor „Unbeabsichtigtes Verwenden der Feststelltaste korrigieren“ eingestellt haben.

Arbeitsablauf

Datei — Optionen — Dokumentprüfung — AutoKorrektur-Optionen —

Ersetzen: fehlerhaftes Wort eingeben — Durch: richtige Schreibung eingeben — Hinzufügen — OK oder ↲

Aufgabe

1. Nehmen Sie diese Abkürzungen in die Autokorrektur auf:

Ersetzen	Durch
ar	arbeiten
fg	Freundliche Grüße
gb	geben
hb	haben
ko	kommen
kö	können
ma	machen
stl	stellen
wd	werden
gt	Geschäft

2. Löschen Sie die Autokorrektur-Einträge wieder.

- In den Dialogfeldern **AutoFormat** und **AutoFormat während der Eingabe** legen Sie weitere Optionen fest. Hier schalten Sie beispielsweise die automatische Aufzählung oder die automatische Nummerierung aus.

4.22 Ziffern

Wiederholung

Zeile 1 Wenn Sie regelmäßig trainieren, erzielen Sie große Erfolge.
2 Eine größere Sendung traf erst gestern Abend in Gießen ein.

Linker kleiner Finger: 1 und 2. Linker Ringfinger: 3. Linker Mittelfinger: 4. Linker Zeigefinger: 5 und 6. Rechter Zeigefinger: 7 und 8. Rechter Mittelfinger: 9. Rechter Ringfinger: 0.

Tasten Sie mehrmals einzeln vor:
a1a a2a s3s d4d f5f f6f j7j j8j k9k l0l

Erarbeitung

3 a1a a1a a1a a2a a2a a2a s3s s3s s3s d4d d4d d4d f5f f5f f5f
4 f6f f6f f6f j7j j7j j7j j8j j8j j8j k9k k9k k9k l0l l0l l0l
5 a1a a2a s3s d4d f5f f6f j7j j8j k9k l0l a1a a2a s3s l0l l0l

6 a1f a1f a1f a2d a2d a2d s3f s3f s3f l0j l0j l0j d4a d4a d4a
7 k9ö k9ö k9ö f5s f5s f5s j8l j8l j8l f6a f6a f6a j7ö j7ö j7ö
8 a1f a2d s3f l0j d4a k9ö f5s j8l f6a j7ö f6a j7ö f5s j8ö a2f

Festigung

9 1 Aktie, 1 Aktie, 1 Aktie, 2 Anträge, 2 Anträge, 2 Anträge,
10 3 Sätze, 3 Sätze, 3 Sätze, 30 Länder, 30 Länder, 30 Länder,
11 4 Damen, 4 Damen, 4 Damen, 9 Käufer, 90 Läufer, 900 Läufer,

12 5 Falten, 5 Falten, 5 Falten, 8 Jacken, 8 Jacken, 8 Jacken,
13 6 Fahrer, 6 Fahrer, 6 Fahrer, 7 Jungen, 7 Jungen, 7 Jungen,
14 1 Anlage, 2 Anlagen, 3 Seile, 30 Länder, 4 Deckel, 9 Teile,

15 5 Finger, 8 Kunden, 6 Fehler, 7 Kästen, 12 Arten, 10 Jahre,
16 der 1. Platz, der 2. Fall, die 3. Folge, auf der 30. Seite,
17 die 5. Serie, der 6. Rang, der 7. Punkt, der 189. Besucher.

Lernkontrolle

Anschläge

18 Die Sportler ermitteln heute in 12 Disziplinen die Meister. 64
19 Zu dem Handballspiel kamen am Sonntag sogar 3867 Zuschauer. 64
20 52 596 Zuschauer sahen dieses interessante Bundesligaspiel. 62

21 Ihre Bestellung über 90 m Stoff haben wir gestern erhalten. 63
22 Die Anzahl der Abonnenten stieg im Mai auf 13 450 Bezieher. 65
23 In der benachbarten Großstadt wohnen nun 648 500 Einwohner. 63

- Vor und nach einer Zahl steht ein Leerzeichen.
- In Ordnungszahlen folgt das Leerzeichen hinter dem Punkt.
- Zahlen mit mehr als vier Stellen sollten Sie in Fließtexten durch je ein Leerzeichen in dreistellige Gruppen gliedern.
- Zusammengehörige Teile, die durch Zwischenräume gegliedert werden, dürfen auch in der Randzone nicht getrennt werden und sind durch geschützte Leerzeichen (Strg + ⇧ + Leertaste) gegen einen unbeabsichtigten Zeilenumbruch zu sichern.

4.23 Sonderzeichen (1)

Wiederholung

Zeile 1 In unserem Prospekt stellen wir Ihnen die 5672 Artikel vor.
2 Für den Computer ist ein Betrag von 1.345,89 EUR zu zahlen.

Sonderzeichen werden mit dem Umschalter erzeugt. Linker kleiner Finger: ! und ". Linker Ringfinger: §. Linker Mittelfinger: $. Linker Zeigefinger: % und &. Rechter Zeigefinger: / und (. Rechter Mittelfinger:). Rechter Ringfinger: =. Kleiner Finger: ?

Tasten Sie mehrmals vor:
a!a a"a s§s d$d f%f f&f j/j j(j k)k l=l ö?ö

Erarbeitung

3 a!a a!a a!a a"a a"a a"a s§s s§s s§s d$d d$d d$d f%f f%f f%f
4 f&f f&f f&f j/j j/j j/j j(j j(j j(j k)k k)k k)k l=l l=l l=l
5 ö?ö ö?ö ö?ö a!a a"a s§s d$d f%f f&f j/j j(j k)k l=l ö?ö ö?ö

Festigung

Anschläge

6 Guten Tag! Guten Abend! Alles Gute! Sehr schön! Gute Reise! 74
7 Marken „Antik" und „Anker", Modell „Nizza", Hotel „Am Zoo". 76
8 Unser wichtigster Grundsatz lautet: „Alles für den Kunden!" 68

9 Nach § 1 HGB ist Kaufmann, wer ein Handelsgewerbe betreibt. 67
10 Der Mitangeklagte war nach den §§ 37 und 242 StGB schuldig. 67
11 Der Betrag von 44 $ ist noch in diesem Monat zu überweisen. 64

12 Unser Unternehmen konnte die Umsätze sogar um 5 % steigern. 64
13 Auf bestimmte Artikel gewährt das Unternehmen 8 % Nachlass. 65
14 Natürlich sind wir mit dem 10%igen Gewinn wieder zufrieden. 63

15 Die Walter & Neumann KG hat einen Insolvenzantrag gestellt. 68
16 Bei Firma Roth & Sohn OHG wurde eine Bestellung aufgegeben. 69
17 Den Auftrag 677/9 können wir erst im Juli/August ausführen. 66

18 Hering & Söhne OHG können erst im August/September liefern. 69
19 In dem Rechtsstreit Mai ./. Neu wurde die Klage zugestellt. 66
20 Senden Sie noch: a) Lebenslauf, b) Schulzeugnisse, c) Foto. 69

21 Sollen diese Computer nach Jena (Thüringen) gesandt werden? 67
22 War die Fahrt nach Metz (Frankreich) besonders interessant? 67
23 Hat dieser Personenkraftwagen das Kennzeichen S = Schweden? 67

- Nach Zeichen, die anstelle von Wörtern verwendet werden (z. B. §, $, %, &), bleibt davor und dahinter ein Leerzeichen.
- Zeichen, z.B. §, %, & usw., und Zahlen dürfen Sie als zusammengehörige Teile bei einem Zeilenumbruch nicht trennen. Sie geben zwischen der Zahl und der dazugehörigen Einheit ein geschütztes Leerzeichen ein.
- Anführungszeichen und Klammern werden ohne Leerzeichen vor und nach den Textteilen, die von ihnen eingeschlossen sind, geschrieben.
- Das Zeichen ./. (gegen) wird nur in Rechtsstreitigkeiten verwendet.
- Vor und nach dem Schrägstrich entfallen die Leerzeichen.

4.24 Sonderzeichen (2)

Wiederholung

Zeile 1 nur 5 % Zinsen, die Marke „Taiga“, nach Erfurt (Thüringen).
2 Ist der § 3 der Satzung (Mitgliedsbeitrag) korrekt zitiert?

Der linke kleine Finger tastet zum Umschalter, während der rechte Mittelfinger rechts tief zum Semikolon tastet. Der rechte kleine Finger tastet gespreizt rechts hoch zum Pluszeichen. Soll das Zeichen für „geboren“ (Stern) erscheinen, ist zusätzlich der Umschalter zu bedienen.

Accent aigu	´	rechter kleiner Finger nach rechts oben
Accent grave	`	linker Umschalter, rechter kleiner Finger nach rechts oben
Accent circonflexe	^	linker kleiner Finger weit nach links oben

Tasten Sie mehrmals vor: k;k ö+ö ö*ö ö´ö ö`ö a^a

Erarbeitung

3 k;k k;k k;k ö+ö ö+ö ö+ö ö*ö ö*ö ö*ö k;k ö+ö ö*ö k;k ö+ö k;k
4 k;ö k;ö k;ö ö+k ö+k ö+k ö*h ö*h ö*h k;ö ö+k ö*h k;ö ö+k ö*h
5 aus; aus; bei; bei; mit; mit; war; war; aus; bei; mit; war;

Festigung

6 5 + 3 = 8, 10 + 9 = 19, 25 + 5 = 30, Eva Jung, * 19..-04-25
7 alt und neu; kühl und nass; früh und spät; hell und dunkel;
8 über kurz oder lang; bei Jung und Alt; den Kürzeren ziehen.

Anschläge
9 Die Auskünfte sind erschöpfend; sie werden nun ausgewertet. 63
10 Die Beratung ist am Donnerstag; dazu werden Sie eingeladen. 65
11 Der Großhändler informiert uns; wir erhalten dann die Ware. 64

Erarbeitung

12 Café Café Café Café Café Café Coupé Coupé Coupé Coupé Coupé
13 Café Coupé Glacé Doublé Café Coupé Glacé Doublé Glacé Coupé
14 Ampère Ampère Ampère Ampère Molière Molière Molière Molière

15 Mâcon Mâcon Mâcon Mâcon Mâcon Rhône Rhône Rhône Rhône Rhône
16 Café Coupé Glacé Doublé Ampère Molière Mâcon Rhône Molière.
17 Watt und Ampère, an der Rhône, die Stadt Mâcon, mit Hélène.

- Werden Schriftzeichen benötigt, die auf den Tasten rechts angeordnet sind, z. B. €, @, ist die Taste **AltGr** festzuhalten und die gewünschte Schreibtaste zu bedienen.

18 Wir bedauern es, dass der Artikel # 25 nicht lieferbar ist.
19 Als Ersatz können wir Ihnen den Artikel # 6 sofort liefern.
20 Mit der Funktionstaste <Entf> können Sie Textteile löschen.

- Weitere Sonderzeichen können Sie über das Register **Einfügen, Symbol** abrufen.

4.25 Zahlengliederung

Uhrzeit

Anschläge

Zeile 1 Die Ausstellungshalle 30 ist bereits ab 09:30 Uhr geöffnet. 64
2 Der Intercity fährt heute Morgen um 07:30 Uhr in Berlin ab. 64
3 Der Zug aus Stuttgart läuft um 00:05 Uhr auf Gleis 3 b ein. 65

- Uhrzeiten kennzeichnet man mit dem Doppelpunkt. In der Uhrzeit sind Stunden, Minuten und Sekunden zweistellig zu schreiben.

Zeitdauer

4 Für den Triathlon in Hamburg benötigte er 11:07:08 Stunden. 66
5 Sie siegte im 5000-m-Lauf in der Zeit von 13:08,45 Minuten. 65
6 Bei der Meisterschaft betrug die Siegerzeit 21,43 Sekunden. 63

- Die Zeitdauer in Stunden und Minuten gliedern Sie durch einen Doppelpunkt. Hundertstel Sekunden trennen Sie durch ein Komma ab.

Aufgabe

Schreiben Sie die Beispiele normgerecht.

5 Minuten nach 9 Uhr – 10 Minuten vor 9 Uhr – 8 Minuten nach 24 Uhr

Kalenderdaten

7 Der Jubilar ist seit dem 1. April 19.. bei uns beschäftigt. 63
8 Im Informationsblock steht jetzt das neue Datum: 20..-04-01. 64
9 Warum fehlte das Datum 16.04.20.. auf dem Antwortschreiben? 64

- Im alphanumerischen Datum wird die Jahreszahl vierstellig geschrieben.
- Das numerische Datum wird in der Reihenfolge Jahr, Monat, Tag durch Kurzstriche gegliedert. Die Jahreszahl wird vierstellig, Monat und jedoch zweistellig geschrieben. In Schreiben an inländische Empfänger darf das Datum auch in der Reihenfolge Tag, Monat, Jahr durch Punkte und ohne Leerzeichen geschrieben werden.

Aufgabe

Schreiben Sie die Kalenderdaten in beiden Formen numerisch.

7. Mai 20.. – 3. Februar 20.. – 10. September 20.. – 3. Januar 20..

Zahlengliederung

10 Für die Reparatur sind nur noch 2.194,86 EUR zu überweisen. 65
11 Die Kosten für das Einfamilienhaus betrugen 140.525,00 EUR. 65
12 Bitte wählen Sie ab Februar n. J. die neue Rufnummer 12734. 64

13 Unsere Telefonzentrale 5576-1 vermittelt die Ferngespräche. 63
14 Möchten Sie Herrn Hartmann sprechen, wählen Sie 354879-245. 65
15 Die Mitarbeiterin erreichen Sie jetzt unter 02921 3587-236. 65

16 Für das Fernkopieren müssen Sie aber Fax 5544-899 anwählen. 63
17 Übermitteln Sie Frau Große die Kopie unter Fax 0228 345-10. 68
18 Geben Sie bitte in der Anschrift unser Postfach 4 56 89 an. 64

19 Frau Meyer führte die IBAN DE76 2575 0001 0000 4627 26 auf. 67
20 Die IBAN DE62 8505 0300 0000 7626 43 fehlt in der Fußzeile. 67
21 Stimmt die IBAN DE35 6009 0100 0000 6346 26 dieses Käufers? 68

- Währungsbeträge gliedern Sie aus Sicherheitsgründen nach jeder dritten Stelle von rechts nach links durch einen Punkt.
- Die Funktionsbereiche einer Telefonnummer oder Telefaxnummer (Anbieter, Landesvorwahl, Ortsnetzkennzahl und Einzelanschluss) werden durch ein Leerzeichen getrennt. Vor der Durchwahlnummer steht ein Kurzstrich.
- Postfachnummern werden von rechts nach links in zweistellige Gruppen gegliedert.
- Internationale Bankleitzahlen (IBAN) gliedern Sie durch Leerzeichen von links nach rechts in Vierergruppen. Davor steht IBAN.

4.26 Geschützte Zeichen – Absatzbildung

Geschütztes Leerzeichen

- Um zu vermeiden, dass zusammengehörige Textteile (z. B. gegliederte Zahlen oder Zahlen mit folgenden Bezeichnungen) am Zeilenende auseinandergerissen werden, sind geschützte (feste) Leerzeichen einzugeben. Bei Löschungen oder Einfügungen bleiben die Textteile als Einheit bestehen.
- Ein geschütztes Leerzeichen entsteht durch Strg + ⇧ + Leertaste (gleichzeitig).

Aufgaben

Buch +Web

a) Geben Sie die Sätze mit geschützten Leerzeichen ein.
b) Speichern Sie unter dem Dateinamen **Leerzeichen**. *Drucken Sie die Sätze aus.*

```
Alle Bestellungen können Sie bei uns unter 3665-55 aufgeben.
Geben Sie bitte in der Anschrift das neue Postfach 44 99 an.
Weber & Krause haben jetzt die neue Rufnummer 02321 34534-0.
Die Genossenschaftsbank bewilligt den Kredit von 30.000 EUR.
Als Eilzustellung traf die Sendung um 08:30 Uhr bei uns ein.
```

Geschützter Bindestrich

- Damit Textteile, die durch den Bindestrich verbunden sind, auch in der Randzone als Einheit bestehen bleiben, ist ein geschützter Bindestrich einzugeben.
- Für den „geschützten Bindestrich" drücken Sie Strg + ⇧ + Mittestrich.

Beispiel

```
Postein- und -ausgang, Textver- und -bearbeitung.
```

Nachträgliche Absatzbildung – Anhängen von Absätzen

- Soll ein Absatz nachträglich eingefügt werden, ist der Cursor auf das erste Schriftzeichen des neu zu bildenden Absatzes zu führen und die Return-Taste zu betätigen.
- Zum Anhängen von Absätzen ist der Cursor auf den Anfang des Textblockes hinter der Leerzeile zu führen und die Korrekturtaste zu betätigen.

Korrekturzeichen

- Absätze werden durch das Zeichen markiert.
- Für das Anhängen von Absätzen ist das Korrekturzeichen zu verwenden.

Aufgaben

a) Erfassen Sie den Text.
b) Geben Sie die gekennzeichneten Absätze nachträglich ein. Löschen Sie die zuvor gebildeten Absätze.
c) Speichern Sie unter dem Dateinamen **Absatz**. *Drucken Sie den Text aus.*

Buch +Web

```
Das Wattenmeergebiet ist noch jung. Es ist nach der letzten
Eiszeit vor rund 7000 Jahren entstanden, auch heute noch
werden Sandplaten und Dünen in vergleichsweise raschem Tempo
gebildet und wieder abgebaut. Hier sind noch Landschaften aus
allen Entwicklungsstadien zu finden.

Man kann heute noch mit eigenen Augen sehen und miterleben,
wie Landschaften in der Eiszeit entstanden sind. Auf seine
eigene Art und Weise zeigt das Wattenmeer, wie sich Pflanzen
und Tiere immer wieder an die täglich wechselnden Bedingungen
im Watt anpassen.
```


73970

5 Textgestaltung

5.1 Verschieben und Kopieren von Textblöcken

Verschieben

- Textblöcke (Textabschnitte) lassen sich innerhalb des Textes an einer anderen Stelle einfügen. Die Markierung des zu verschiebenden Textblockes kann durch die Funktionstaste F8 (viermal bedienen) oder mit der Maus vorgenommen werden. In der Normalansicht und in der Seiten-Layout-Ansicht kann der Absatz durch einen Doppelklick links neben dem Absatz markiert werden. Durch Strg + ⇧ + ⇩ lässt sich ein Textblock ebenfalls markieren. Der markierte Text wird nun durch die Tasten Strg + X in den Zwischenspeicher gelöscht. Befindet sich der Cursor an der Einfügestelle, sind die Tasten Strg + V zu bedienen. Sollen mehrere Textteile, die sich an unterschiedlichen Stellen im Text befinden, verschoben werden, sind sie vorher zu markieren. Wie beim Markieren in Windows halten Sie die Taste Strg fest, klicken mehrmals die linke Maustaste an und ziehen den Mauszeiger, bis die Textteile markiert sind.

Arbeitsablauf

Markieren — Strg + X — Cursor an Einfügestelle — Strg + V

 Markieren —  — Cursor an Einfügestelle — 

Kopieren

- Textblöcke können auch in andere Dateien kopiert werden. Mit Strg + C lassen sich Textblöcke kopieren. Dazu sind diese Arbeitsschritte notwendig:

Arbeitsablauf

Markieren — Strg + C — Alt — Datei — Öffnen — Ordner wählen — Dateinamen eingeben — Öffnen — Cursor an Einfügestelle — Strg + V

 Markieren —  — Cursor an Einfügestelle — 

Aufgaben

a) *Erfassen Sie den Text.*
b) *Stellen Sie den 1. Textblock hinter den 3. Textblock.*
c) *Öffnen Sie die Datei* **Absatz**. *Kopieren Sie den ersten Textblock in den Text* **Absatz** *ein.*
d) *Speichern Sie unter dem Dateinamen* **Verschieben**. *Drucken Sie den Text aus.*

Buch +Web

Zeile

Berlin ist eine Weltstadt der Kultur, Politik, Medien und Wissenschaften. Die Metropole ist ein Verkehrsknotenpunkt und eines der meistbesuchten Zentren des Kontinents. Die Sportereignisse, Universitäten, Forschungseinrichtungen und Museen Berlins genießen internationalen Ruf. Im Laufe der Zeit entwickelte sich die Stadt zu einem Anziehungspunkt für Unternehmensgründer, Kreative und Einwanderer.

In der Hauptstadt Berlin, die zugleich bevölkerungsreichste Stadt Deutschlands ist, lebten im Jahr 2020 3,66 Millionen Einwohner. Berlin hat zugleich mit 892 Quadratkilometern die größte Fläche aller deutschen Städte.

Nach der Teilung Deutschlands war Ost-Berlin die Hauptstadt der Deutschen Demokratischen Republik. 1990 wurde Berlin mit der Wiedervereinigung wieder gesamtdeutsche Hauptstadt. Hier haben die Bundesregierung und die Bundesministerien ihren Sitz. Der Bundespräsident residiert im Schloss Bellevue.

5.2 Suchen und Ersetzen von Textteilen

Suchen

- Längere Texte können nach bestimmten Wörtern durchsucht werden. Geben Sie den Suchbefehl ein, springt der Cursor hinter das Suchwort. Um den Vorgang einzuleiten, klicken Sie im Register **Start** in der Gruppe **Bearbeiten** die Funktion **Suchen** an.

Arbeitsablauf

Start — Suchen — Suchwort eingeben unter „Navigation"

Aufgaben

a) Erfassen Sie den Text. *b) Suchen Sie **Kontinents**; ersetzen Sie das Wort durch **Europas**.*
c) Tauschen Sie den ersten und zweiten Textblock aus. *d) Speichern Sie unter dem Dateinamen* Suchen.
e) Drucken Sie den Text aus.

Zeile

Die Hauptstadt Berlin ist eine Weltstadt der Kultur, Politik, Medien und Wissenschaften. Die Metropole ist ein europäischer Verkehrsknotenpunkt und eines der meistbesuchten Zentren des Kontinents. Sporteereignisse, Universitäten und Museen Berlins genießen internationalen Ruf.

Berlins Architektur, die Festivals und die Lebensbedingungen sind weltweit bekannt. Zahlreiche Flüsse und Seen machen die Stadt zu einem besonderen Anziehungspunkt. Die Spree fließt durch Berlin und mündet in Spandau in die Havel. Die Havel fließt durch den Westen Berlins.

Suchen und Ersetzen

- Wollen Sie mehrere gleiche Wörter durch ein anderes Wort ersetzen, bietet sich die Ersatzfunktion an. Im Register **Start** klicken Sie in der Gruppe **Bearbeiten** die Funktion **Ersetzen** an. Sie geben das Suchwort und das Ersatzwort ein.

Arbeitsablauf

Start — Ersetzen — Suchwort eingeben — Ersatzwort eingeben — Alle Ersetzen — Schließen — OK — Schließen

Aufgaben

a) Erfassen Sie den Text. *b) Suchen und ersetzen Sie: **konstruierte** durch **entwickelte**.*
c) Speichern Sie unter dem Dateinamen **Suchen-ersetzen**. *d) Drucken Sie den Text aus.*

Zeile

Rund 23 m hoch und 40 m breit ist die Kuppel des Reichstages in Berlin. Gemeinsam mit anderen Fachingenieuren konstruierte der Architekt Sir Norman Foster das Bauwerk aus Stahl und Glas.

Der Ältestenrat des Deutschen Bundestages entschied sich im Frühjahr 1995 für die moderne Version der Kuppel. Die Kuppel ist von der Dachterrasse des Reichstages aus über eine Rampe zu begehen. Sie versorgt den Plenarsaal des Bundestages mit modernster Belichtungs- und Beleuchtungstechnik.

73970

5.3 Zeichenformatierung (1)

Fettschrift, Kursivschrift

- Um eine Hervorhebung durch Fettschrift oder Kursivschrift vorzunehmen, verwenden Sie zweckmäßigerweise diese Kurzbefehle:

Fett	Strg + Umschalter + F
Kursiv	Strg + Umschalter + K

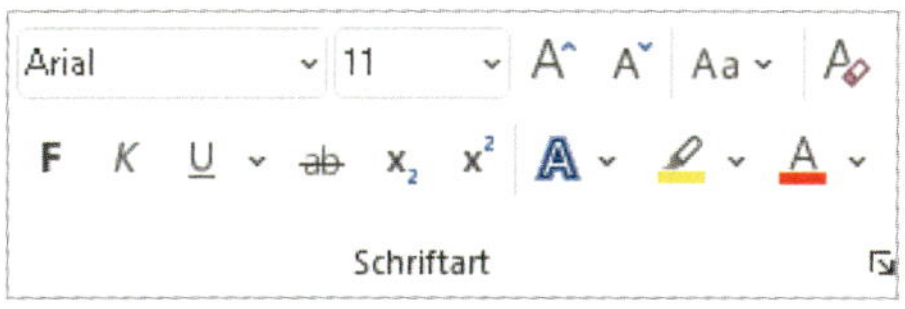

- Es ist auch möglich, mit dem Mauszeiger im Menü **Start** in der Gruppe **Schriftart** den gewünschten Buchstaben für Fettschrift **(F)** und *(K)* für Kursivschrift anzuklicken. Zum nachträglichen Hervorheben müssen die Textteile vorher markiert sein.
- Die Formatierung der Zeichen, z. B. durch Fettschrift, beginnt unter dem ersten und endet unter dem letzten Zeichen des hervorzuhebenden Teils.
- Anstelle des Unterstreichens sollten Sie andere Hervorhebungen, z. B. Fettschrift, Kursivschrift oder Farbe, bevorzugen, weil die Unterlängen weder gestreift noch geschnitten werden sollten.

Aufgaben

a) Erfassen Sie den Text.

b) Nehmen Sie die Worttrennung und die Hervorhebungen nachträglich vor.

c) Speichern Sie unter dem Dateinamen ***Ergonomie*** .

Die auf dem Bildschirm dargestellten Zeichen müssen *scharf, deutlich und ausreichend groß* sein sowie einen *angemessenen Zeichen- und Zeilenabstand* haben. Das Bild muss **stabil** und **frei von Flimmern** sein. Es darf keine Verzerrungen aufweisen.

Die **Helligkeit** der Bildschirmanzeige und der **Kontrast** zwischen Zeichen und Zeichenuntergrund müssen *frei einstellbar* und den *Verhältnissen der Arbeitsumgebung angepasst* sein. Der Bildschirm muss *frei von störenden Reflexionen und Blendungen* sowie frei und leicht drehbar und *neigbar* sein.

Wechsel der Schriftart und -größe

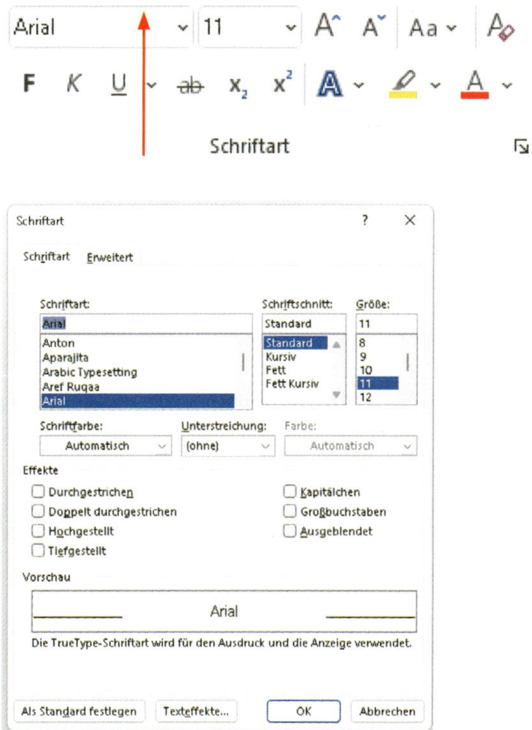

- In dem Register **Start** der Gruppe **Schriftart** stellen Sie die Schriftart und die Schriftgröße (Schriftgrad) ein. Zu dem Zweck klicken Sie den Pfeil hinter **Schriftart** oder hinter **Schriftgröße** an und wählen die gewünschte Schriftart und -größe aus. Wollen Sie weitere Zeichenformatierungen vornehmen, klicken Sie hinter **Schriftart** den rechtsschrägen Pfeil an. Es öffnet sich das Dialogfeld **Schriftart.** Hier können Sie beispielsweise Effekte oder die Schriftfarbe gleichzeitig einstellen. In dem Dialogfeld **Erweitert** vergrößern Sie den Zeichenabstand.
- Wegen der guten Lesbarkeit sind die Schriftarten Courier New, Times New Roman oder Arial zu bevorzugen. Unter **Texteffekte** haben Sie die Möglichkeit, Textfüllungen und Textkonturen einzustellen.

Arbeitsablauf

Start — Pfeil hinter Schriftart anklicken — Schriftart auswählen —
Pfeil hinter der Schriftgröße anklicken und Schriftgröße eingeben — rechtsschrägen Pfeil anklicken —
Einstellungen in dem Dialogfeld Schriftart vornehmen — OK

5.4 Zeichenformatierung (2)

Aufgabe

Erfassen Sie die Beispiele und stellen Sie nachträglich die jeweilige Schriftart ein.

Diese Zeilen sind in der Schriftart Courier New erfasst. Diese Schrift ist gut lesbar. Sie wird überwiegend als Entwurfsschrift verwendet.

Die Schrift Times New Roman ist sehr gut lesbar. Sie wird für die Geschäftskorrespondenz verwendet. Diese Schriftart ist mit Serifen.

Die Schriftart Arial eignet sich auch für den Buchdruck. Sie hat klare Konturen und ist ebenfalls sehr gut lesbar.

Auswahl weiterer Schriftarten

Bookman Old Style, Schriftgrad 10

Antique Olive, Schriftgrad 11

Times New Roman, Schriftgrad 12

Futura, Schriftgrad 12

Farbiges Hervorheben

- Mit Farben heben Sie Textteile besonders hervor. Die Zeichen können Sie farbig darstellen oder farbig markieren.
- **Farbige Zeichen.** Um Zeichen farbig darzustellen, klicken Sie im Menü **Start** in der Gruppe **Schriftart** den Pfeil hinter dem Großbuchstaben A an und danach die gewünschte Schriftfarbe.
- **Farbiges Markieren.** Zum farbigen Markieren klicken Sie ebenfalls im Menü **Start** in der Gruppe **Schriftart** den Textmarker an. Es öffnet sich ein Fenster mit einer Farbpalette, in der Sie die gewünschte Markierungsfarbe auswählen. Führen Sie nun den Mauszeiger mit dem Farbstift an die gewünschte Stelle und markieren Sie die Textteile.

Aufgabe

Buch +Web

Erfassen Sie die Beispiele und stellen Sie nachträglich die jeweilige Schriftart ein.

Auf dem Monitor werden die Bilder durch Bildpunkte, die als Pixel bezeichnet werden, dargestellt. Je mehr Pixel vorhanden sind, desto besser ist die Qualität der Bildwiedergabe.

Für eine gute Bildschirmqualität ist aber auch die Bildwiederholungsrate entscheidend. Sie sollte mehr als 100 Hertz betragen. Diese Angabe bezieht sich auf die Anzahl der in einer Sekunde wiedergegebenen Bilder.

Die Bildwiederholungsfrequenz hängt von der Grafikkarte ab. Die Grafikkarte und der Monitor müssen bei der Installation aufeinander abgestimmt werden.

5.5 Textausrichtung

- Texte werden im Allgemeinen linksbündig erfasst. Rechts entsteht ein Flatterrand.
- Durch Blocksatz erhält man ein ausgeglichenes Zeilenende, indem die Abstände zwischen den Wörtern vergrößert werden.
- Um Textteile hervorzuheben, können sie eingemittet werden. Diese Art der Hervorhebung heißt „Zentrieren“.
- Links neben Bildern können Texte auch rechtsbündig erfasst werden. Sie haben dann auf der linken Seite einen Flatterrand.

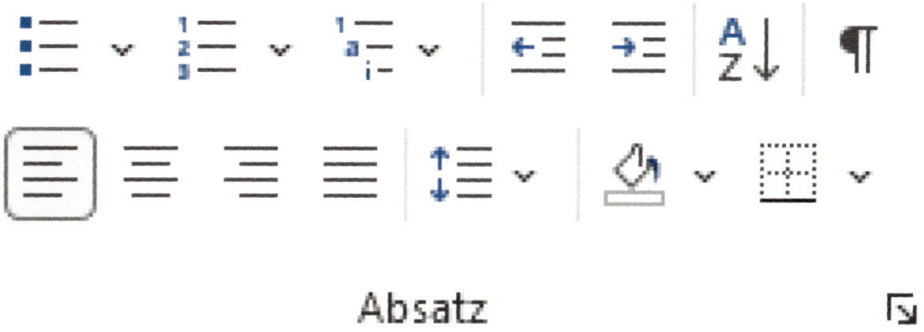

- Zur Befehlseingabe können Kurzbefehle oder die Symbole aus der Symbolleiste **Format** verwendet werden.

Linksbündig

Strg + L

Beginnen Sie mit einem Text in Spalte 1, erhalten Sie rechts einen Flatterrand. Es ist aber möglich, diesen Flatterrand durch Blocksatz auszugleichen. Wichtige Textteile können zudem zentriert werden. Neben Bildern wirkt ein rechtsbündig ausgerichteter Text recht ansprechend.

Blocksatz

Strg + B

Beginnen Sie mit einem Text in Spalte 1, erhalten Sie rechts einen Flatterrand. Es ist aber möglich, diesen Flatterrand durch Blocksatz auszugleichen. Wichtige Textteile können zudem zentriert werden. Neben Bildern wirkt ein rechtsbündig ausgerichteter Text recht ansprechend.

Zentrierter Text

Strg + E

Beginnen Sie mit einem Text in Spalte 1, erhalten Sie rechts einen Flatterrand. Es ist aber möglich, diesen Flatterrand durch Blocksatz auszugleichen. Wichtige Textteile können zudem zentriert werden. Neben Bildern wirkt ein rechtsbündig ausgerichteter Text recht ansprechend.

Rechtsbündig

Strg + R

In den letzten Jahren haben die Computer das Leben vieler Menschen entscheidend verändert. Heute arbeiten die meisten Berufstätigen mit Computern.

5.6 Blocksatz – Zentrieren

Blocksatz

- Für die Einstellung des Blocksatzes ist Strg + B einzugeben. Zum Aufheben des Blocksatzes geben Sie Strg + L ein.
- Soll an einem Text der Blocksatz nachträglich eingestellt werden, ist der Text zuvor durch Strg + A zu markieren. Zur Markierung mit der Maus ist der Mauszeiger links neben den Text zu führen, die Strg-Taste festzuhalten und die Maustaste anzuklicken.
- Bevor der Blocksatz eingestellt wird, ist die Worttrennung durchzuführen.

Aufgaben

a) Geben Sie den Text im Blocksatz ein.

b) Wählen Sie die Schriftart Verdana, Schriftgrad 11.

c) Heben Sie den Blocksatz auf. Stellen Sie den Blocksatz danach wieder ein.

d) Speichern Sie unter dem Dateinamen **Blocksatz**. *Drucken Sie den Text aus.*

Die westfälische Kreisstadt Soest ist eine alte Hansestadt. Sie liegt am alten Hellweg zwischen Dortmund und Paderborn. Bis Dortmund sind es etwa 50 km. In der Stadt in der Soester Börde leben rund 48 000 Einwohner. Im Jahr 836 wird die Stadt erstmals urkundlich erwähnt.

Eine Besiedlung im Stadtgebiet gab es zu allen Zeiten. Bereits zwischen 5500 bis 5000 v. Chr. siedelten die ersten Menschen an. Im Stadtzentrum gewannen die Menschen schon 600 Jahre n. Chr. Salz. Wie die Städte Dortmund, Unna, Werl und Erwitte gehörte Soest zu einer Siedlungskette. Die fruchtbare Landschaft der Soester Börde begünstigte die Ansiedlung.

Zentrieren

- Zentrieren ist Hervorheben durch Einmitten. Vor und nach einer Zentrierung bleibt eine Leerzeile. Der Zentrierbefehl lautet Strg + E. Um nach einer Zentrierung an den Zeilenanfang zurückzukehren, ist Strg + L einzugeben.

Aufgaben

a) Erfassen Sie die Zeilen mit den zentrierten Textstellen.

b) Wählen Sie Schriftart Courier New, Schriftgrad 12.

c) Löschen Sie die zentrierten Textstellen.

d) Nehmen Sie die Zentrierungen nachträglich wieder vor.

e) Speichern Sie unter dem Dateinamen **Zentrieren**; *drucken Sie.*

```
Ab 10. September d. J. betreut Sie unser Mitarbeiter im Außendienst,

                    Herr Stefan Stratmann.

Er stellt Ihnen gern unsere neuesten Produkte vor.

Zu einer Besprechung in unserer Verwaltung laden wir Sie für

            Donnerstag, 5. August d. J., 14:00 Uhr,

ein. Verständigen Sie uns bitte, wenn Sie verhindert sind.
```

5.7 Verändern der Einzüge – Zeilenabstände

Verändern der Einzüge

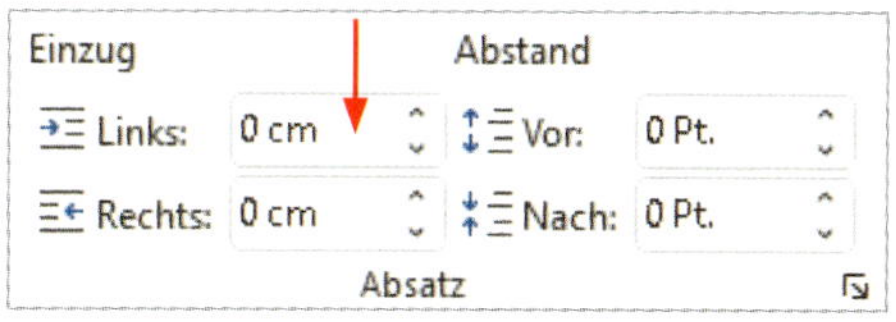

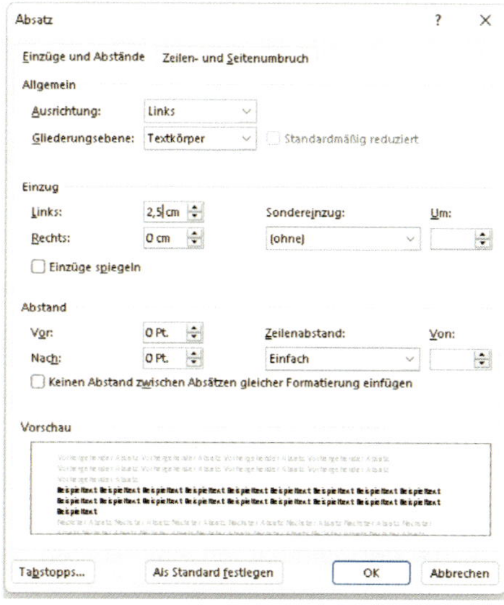

- Innerhalb eines Dokumentes können Sie den Rand für einen bestimmten Bereich verändern. Das geschieht in dem Register **Layout** der Gruppe **Absatz.** Hinter **Einzug Links:** oder **Einzug Rechts:** geben Sie die gewünschten Maße ein.
- Um den Rand überschreiten zu können, sind Negativeinzüge erforderlich. Das bedeutet, dass Sie vor die cm-Angabe jeweils das Minuszeichen setzen (z. B. −2 cm). Dazu klicken Sie den rechtsschrägen Pfeil hinter **Absatz** an. Es öffnet sich die Dialogbox.
- Zum Hervorheben können Sie längere Textteile einrücken. Dazu verändern Sie den linken Einzug auf 2,5 cm. Dieses Maß entspricht den Schreib- und Gestaltungsregeln für die Text- und Informationsverarbeitung (DIN 5008).
- Für das Verändern der Einzüge können Sie auch die Symbole im Startmenü anklicken.

Arbeitsablauf

Layout — rechtsschrägen Pfeil der Gruppe Absatz anklicken — Einzug Links: 2,5 cm — OK

Zeilenabstände

- Zeilenabstände verändern Sie im Register **Start** in der Gruppe **Absatz.** Dazu klicken Sie dieses Symbol an:
- Sie stellen nun den gewünschten **Zeilenabstand** ein. Unter **Zeilenabstandsoptionen** können Sie unter **Zeilenabstand** beispielsweise auch den Mindestabstand oder das genaue Maß festlegen.
- Für die Zeilenabstände können Sie auch diese Kurzbefehle eingeben:

Zeilenabstand 1:	Strg + 1
Zeilenabstand 2:	Strg + 2
Zeilenabstand 1,5:	Strg + 5

Aufgabe

Erfassen Sie den Text und rücken Sie die Textteile ein.

Das Produkt MEGAPLUS 2021 bietet Ihnen neue Möglichkeiten für eine effiziente Kommunikation und Zusammenarbeit. Greifen Sie auf Daten zu, die Sie für fundierte Entscheidungen und bessere Geschäftsabläufe benötigen. Arbeiten Sie dabei mit vertrauten Anwendungen!

> Nutzen Sie die erweiterten Funktionen der aktuellen Versionen für die Textverarbeitung, Tabellenkalkulation und Präsentationen.

> Bestimmen Sie selbst, wer Zugriff auf Ihre Informationen und Dokumente hat und wie diese weiterverwendet werden.

Auf diese Weise können Sie Ihre Entscheidungen fundierter treffen und für bessere Geschäftsabläufe sorgen.

Buch +Web

5.8 Textrahmen

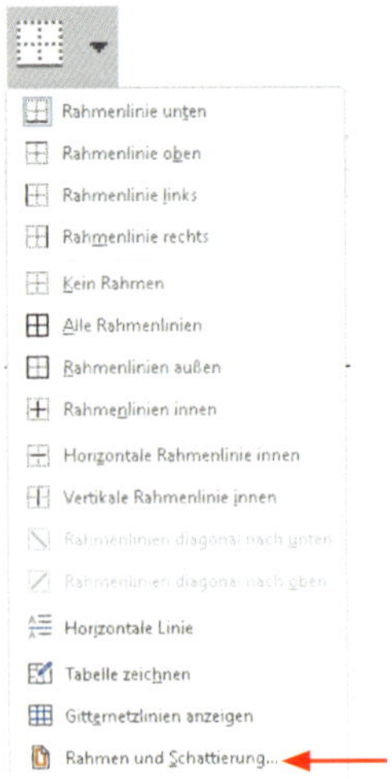

Form des Rahmens

- Um einen Text zu umranden, klicken Sie in dem Register **Start** der Gruppe **Absatz** das **Symbol Rahmen** an. Hier stellen Sie die gewünschte Rahmen- oder Linienart ein.

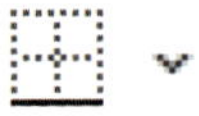

- Um die Form oder die Farbe des Rahmens, die Form oder die Breite der Linie einstellen zu können, klicken Sie **Rahmen und Schattierung** an. Entscheiden Sie sich bei der Form des Rahmens für **Kontur**, haben alle Linien oben, unten links und rechts die gleiche Rahmenbreite.
- Stellen Sie **Schatten** ein, sind die rechte und die untere Linie stärker als die anderen beiden Linien. Sie haben zudem einen schwarzen Schatten. Neben diesen Rahmenformen können Sie auch noch einen **3-D**-Rahmen einstellen.

Linienart

- Als Standardeinstellung wird eine durchgehende Linie als Linienart (Formatvorlage) verwendet. Sie haben auch die Möglichkeit, gepunktete, gestrichelte, gewellte, schattierte oder doppelte Linien einzustellen.

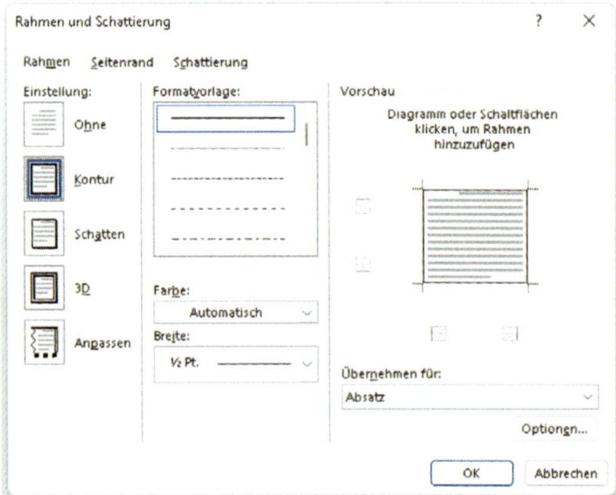

Breite der Linie

- Bei der Breite können Sie zwischen 1/2 Pt. und 6 Pt. wählen. Durch eine breite Linie erzielt ein schattierter Rahmen eine besondere Wirkung. Den Rahmen können Sie farblich hervorheben.
- In der Vorschau betrachten Sie die Form des Rahmens. Es ist auch möglich, in der Vorschau Linien einzustellen. Zu diesem Zweck klicken Sie die gewünschte Seitenlinie an.

Arbeitsablauf

Markieren – Start – Symbol für den Rahmen anklicken – Rahmen und Schattierung – Rahmenform auswählen – Linienform (Formatvorlage) auswählen – Farbe der Linie anklicken – Breite der Linie festlegen – OK

Aufgabe

Erfassen Sie den Text und formatieren Sie ihn wie nachstehend abgebildet.

Buch +Web

Kreisstadt mit Flair: Leer in Ostfriesland

In der Kreisstadt Leer leben rund 35 000 Einwohner. Sie liegt im südlichen Ostfriesland an der Mündung der Leda in die Ems. Nach Emden und Aurich ist Leer die drittgrößte Stadt Ostfrieslands. Ursprünglich befand sich der Stadtkern an einer Schleife der Leda in unmittelbarer Nähe der Mündung.

Den Seehafen Leer erreichen Seeschiffe über die Ems und die Leda sowie eine Seeschleuse, die den Hafen schützt. Die Stadt befindet sich ungefähr auf halber Strecke zwischen Groningen und Oldenburg.

Durch ihren Seehafen ist die Stadt seit Jahrhunderten vom Handel geprägt. Sie zählt zu den größten deutschen Reederei-Standorten. Leer gilt zudem als die wichtigste Einkaufsstadt Ostfrieslands. Der ostfriesische Tee aus Leer ist weltbekannt.

73970

5.9 Hintergrundschattierung und Seitenhintergrund

Hintergrundschattierung

- Wenn Sie den Text mit einer Schattierung hinterlegen wollen, klicken Sie in dem Register **Start** der Gruppe **Absatz** das Symbol **Schattierung** an. Hier stellen Sie unter **Designfarben** die gewünschte Hintergrundfarbe ein.

Arbeitsablauf

Markieren — Start —

Symbol Schattierung anklicken —

Farbe auswählen — OK

Seitenfarbe

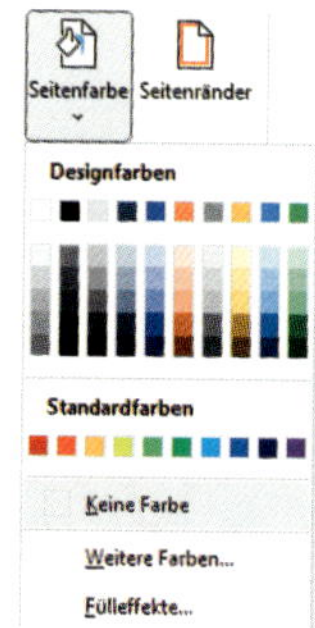

- Wollen Sie eine ganze Seite farblich hinterlegen, klicken in dem Register **Entwurf** in der Gruppe **Seitenhintergrund** die **Seitenfarbe** an.
- Möchten Sie den Hintergrund grafisch noch ansprechender gestalten, wählen Sie **Fülleffekte** aus. In verschiedenen Dialogfeldern können Sie unterschiedliche Formen und mehrere Farben einstellen.

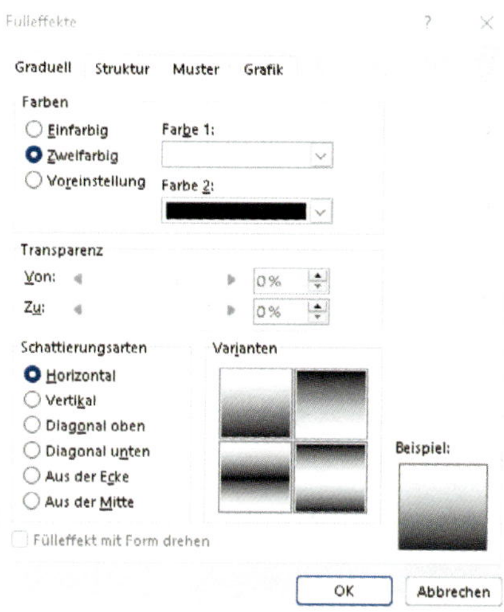

Arbeitsablauf

Markieren — Entwurf — Seitenfarbe — Farbe auswählen —

evtl. Fülleffekte auswählen — OK

Wasserzeichen

- Sie haben auch die Möglichkeit, die Seiten Ihres Dokumentes mit einem Wasserzeichen zu hinterlegen. Zu diesem Zweck klicken Sie im **Entwurf** der Gruppe **Seitenhintergrund** den Pfeil unter **Wasserzeichen** an. Sie können auch ein Digitalfoto als Wasserzeichen einfügen. Dazu klicken Sie **Benutzerdefiniertes Wasserzeichen** und **Bildwasserzeichen** an. Nun wählen Sie Ihre Datei aus. Nachdem Sie **Übernehmen** eingestellt haben, erscheint Ihr Wasserzeichen auf Ihrer Dokumentseite.

Arbeitsablauf

Entwurf — Wasserzeichen —

Benutzerdefiniertes Wasserzeichen — Bildwasserzeichen —

Bild auswählen — Durchsuchen — Bild anklicken —

Einfügen — Übernehmen — Schließen

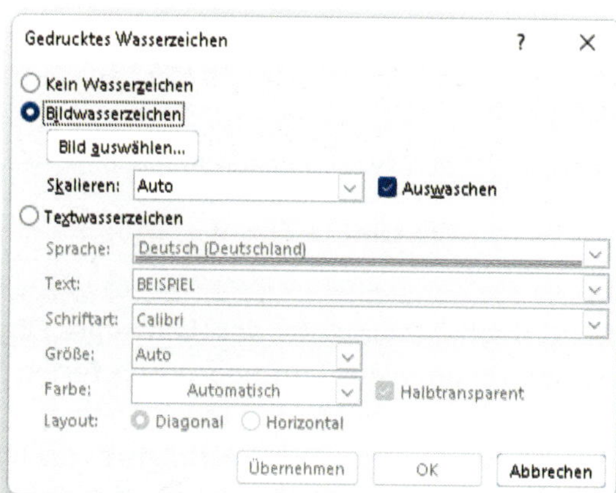

Seitenränder

- Wollen Sie Ihr Dokument mit einem Seitenrand versehen, klicken Sie in dem Register **Entwurf** der Gruppe **Seitenhintergrund** die **Seitenränder** an. Sie gelangen dann in das Dialogfeld **Rahmen und Schattierung** und können nun in dem Dialogfeld **Seitenrand** unter **Effekte** einen ansprechenden Seitenrand auswählen.

Arbeitsablauf

Entwurf — Seitenränder — Seitenrand — Effekte — Effekte auswählen — OK

5.10 Aufzählungszeichen und Nummerierung

Aufzählungszeichen

- In einen bereits erfassten Text können Sie nachträglich Aufzählungszeichen oder Nummerierungen einfügen. In dem Register **Start** klicken Sie in der Gruppe **Absatz** das Symbol **Aufzählungszeichen** an. Es erscheint nun das zuletzt eingestellte Zeichen in Ihrem Text. Wollen Sie andere Aufzählungszeichen verwenden, klicken Sie den Pfeil hinter dem Symbol an. Hier können Sie nun verschiedene Aufzählungszeichen auswählen. Unter „Neues Aufzählungszeichen definieren" ist es möglich, andere Aufzählungszeichen, z. B. Bilder, zu wählen oder Schriftart und -größe zu verändern.

Nummerierung

- Zum Einstellen von Nummerierungen klicken Sie ebenfalls in dem Register **Start** in der Gruppe **Absatz** das Symbol **Nummerierung** an.
- Den Abstand verändern Sie, indem Sie die Einzugsmarken im Lineal verschieben. Der Text steht in einer Fluchtlinie untereinander.

Arbeitsablauf

Start — Symbol Aufzählungszeichen oder Nummerierung anklicken — Aufzählungszeichen oder Nummerierungsart wählen — Abstand zwischen Aufzählungszeichen oder Nummerierung im Lineal anpassen

Aufgabe

Erfassen Sie den Text und gestalten Sie ihn wie unten abgebildet.

Buch +Web

Yasuhisa Toyota: musikalischer Baumeister der Elbphilharmonie

Musikalischer Baumeister der Hamburger **Elbphilharmonie** ist der Japaner *Yasuhisa Toyota*. Er gehört zu den renommiertesten und begehrtesten Akustikern der Welt. Gemeinsam mit den Architekten *von Herzog* und *de Mauron* entwickelte er in Einklang mit Design und Architektur das Klangkonzept der Elbphilharmonie. Dabei verfolgte er die Intentionen

- gleicher Klang für alle,
- gleiches und perfektes Klangerlebnis für alle Plätze.

Dieses ambitionierte Ziel hat der mit seinem Team in besonderer Weise erreicht.

5.11 Text in Spalten - Initial

Spalten

- Texte können Sie in Spalten nebeneinander anordnen. Dazu klicken Sie in dem Register **Layout** in der Gruppe **Seite einrichten** die Funktion **Spalten** an. Hier geben Sie die Spaltenanzahl ein. Den Text sollten Sie vorher markieren.
- Bei einer zwei- oder dreispaltigen Anordnung haben die Spalten die gleiche Länge. Klicken Sie **Links** oder **Rechts** an, ist die Spalte an der jeweiligen Seite schmaler. Zwischen den Spalten ist ein Abstand von 1,25 cm, den Sie aber vergrößern oder verkleinern können.
- Es ist auch möglich, für die Spalten eine unterschiedliche Breite einzustellen. Zu diesem Zweck klicken Sie das Symbol **Spalten** und danach **Mehr Spalten** an.
- Wenn Sie es wünschen, fügen Sie zwischen beiden Spalten eine Zwischenlinie ein.
- Um einen Spaltenumbruch an der gewünschten Stelle herbeizuführen, geben Sie **Strg** + **Umschalter** + ↲ ein.

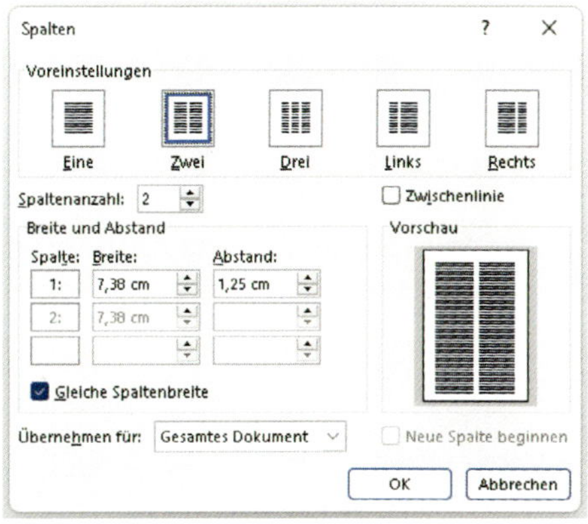

Arbeitsablauf

Markieren — Layout — Spalten — Spaltenanzahl anklicken — evtl. Mehr Spalten anklicken — Maße eingeben — OK

Initial

- Den ersten Buchstaben eines Absatzes können Sie optisch hervorheben. Ein solch vergrößerter Buchstabe wird als Initial bezeichnet. Sie rufen **Initiale** in dem Register **Einfügen** der Gruppe **Text** auf. Hier bestimmen Sie die Position des Initials oder wählen **Initialoptionen,** um die Größe des Buchstabens festzulegen.

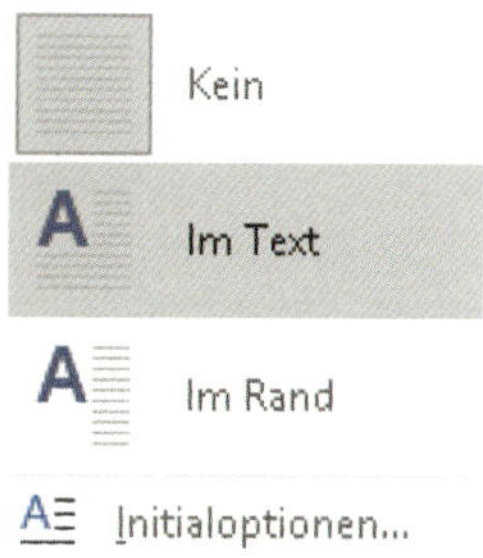

Arbeitsablauf

Einfügen — Initiale — Initialoptionen — Im Text — Maße eingeben — OK

Aufgabe

Erfassen Sie den Text und formatieren Sie ihn wie nachstehend abgebildet.

Erleben Sie norddeutsche Landschaft und maritimes Flair auf einer Strecke von 300 km

Der Meerweg führt Sie durch die Norddeutsche Tiefebene, eine flache aber abwechslungsreiche Kulturlandschaft, die zum Radfahren besonders geeignet ist.

Er verbindet die drei größten niedersächsischen Binnenseen, das Steinhuder Meer, den Dümmer See und das Zwischenahner Meer, und die Nordseeküste auf schönste Weise. Fluss- und See-Niederungen wechseln sich ab mit Marsch-, Moor- und Geestgebieten.

Entdecken und erleben Sie die Naturparks und Naturschutzgebiete, jahrtausendealte Großsteingräber, idyllische Flusstäler, Urwälder, Sanddünen im Binnenland, Wallhecken, Rhododendrenparks, Vogelrastplätze und vieles mehr.

Die Binnenseen am Meerweg und die Nordseeküste bieten zahlreiche Erholungs- und Wassersportmöglichkeiten. In Oldenburg und Wilhelmshaven erwarten die Besucher touristische Sehenswürdigkeiten und städtisches Leben.

5.12 Tabellen (1)

Tabelle erstellen

- Tabellen erstellen Sie über das Register **Einfügen** in der Gruppe **Tabellen.** Nachdem Sie das Symbol **Tabelle** angeklickt haben, öffnet sich ein Fenster mit Kästchen. Sie klicken hier die Anzahl der gewünschten Spalten an. Es erscheint nun ein Gitternetz auf dem Bildschirm.
- Beim Erfassen einer Tabelle bedienen Sie nach jedem Datenfeld die Tab-Taste. Das gilt auch für das letzte Datenfeld einer Zeile.
- Tabellenköpfe gliedern Sie durch waagerechte und senkrechte Linien übersichtlich. Die Spaltenüberschriften im Tabellenkopf – mit Ausnahme der Vorspalte – zentrieren Sie.
- Texte in Feldern richten Sie linksbündig, Zahlen hingegen rechtsbündig aus.
- Durch waagerechte und senkrechte **Linien** lassen sich Tabellen übersichtlich gliedern. Waagerechte Linien sollten Sie nur über den Summenzeilen und zur Gruppierung verwenden. Durch **Hintergrundschattierungen** erhöhen Sie die Lesbarkeit einer Tabelle.

Arbeitsablauf

Einfügen — Tabelle — Anzahl der Spalten anklicken — Tabelle erfassen

Tabelle formatieren

- Befinden Sie sich in einer Tabelle und klicken das Kontextregister **Layout** an, können Sie die Tabelle nach Ihren Wünschen gestalten. So können Sie beispielsweise Zellen verbinden oder teilen, die Textrichtung verändern oder sortieren.

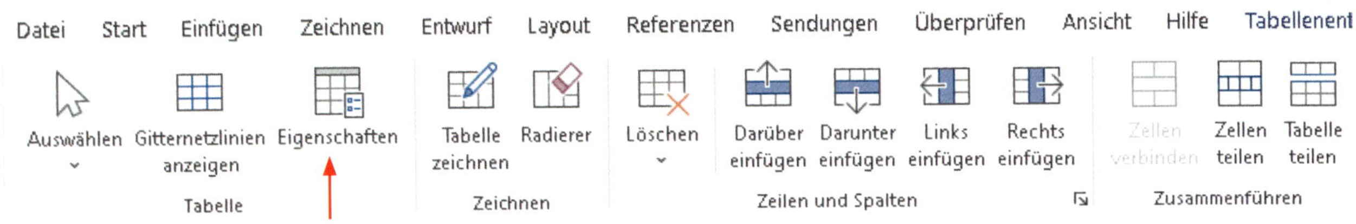

- In dem Kontextregister **Layout** in der Gruppe **Eigenschaften** verändern Sie die vertikale Textausrichtung oder die Abstände zwischen den Linien und dem Text. Zu diesem Zweck klicken Sie in den **Tabelleneigenschaften** nacheinander **Zelle** und **Optionen** an. In dem Fenster **Zellenoptionen** entfernen Sie zunächst das Häkchen vor „Wie gesamte Tabelle" und geben die Maße ein.

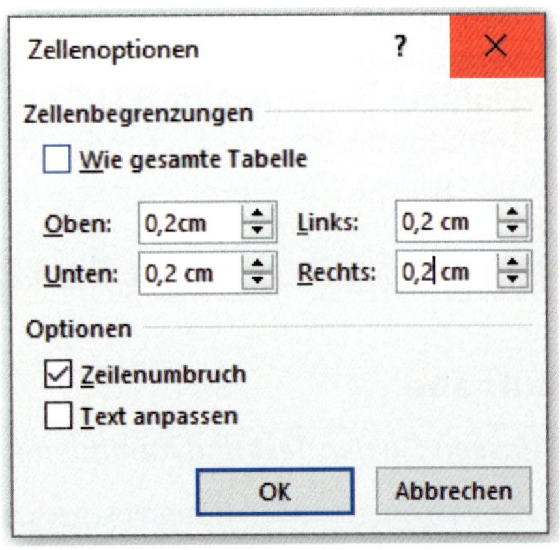

Arbeitsablauf

Layout — Eigenschaften — Ausrichtung bestimmen — Zelle — Optionen — Häcken vor „Wie gesamte Tabelle" entfernen — Maße eingeben — OK

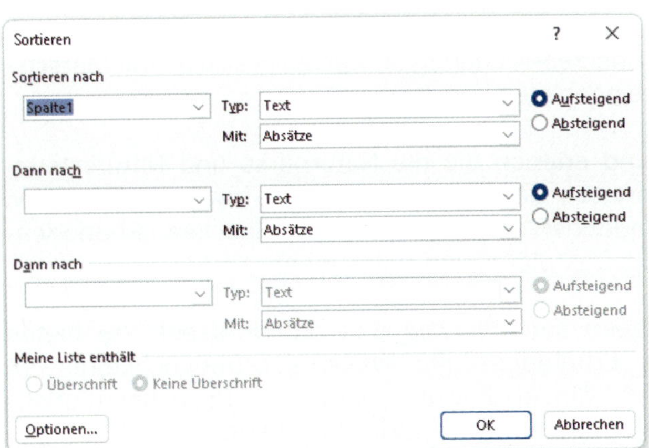

Sortieren

- Zum Sortieren von Tabellen befinden Sie sich mit dem Cursor in der Tabelle. Sie klicken nun in dem Kontextregister **Layout** das Dialogfeld **Sortieren** an. Sie stellen nun **Aufsteigend** oder **Absteigend** ein.

Arbeitsablauf

Layout — Sortieren — Sortierkriterium und Sortierfolge einstellen — OK

Formatvorlagen für Tabellen

- Befinden Sie sich in der Tabelle, können Sie in dem Kontextregister **Tabellenentwurf** in der Gruppe **Tabellenformatvorlagen** verschiedene **Vorlagen** auswählen.

Aufgaben

a) Erfassen Sie die Tabelle. Stellen Sie nach jeder zweiten Zeile eine Hintergrundschattierung ein, um die Lesbarkeit zu erhöhen.

Wichtige Missionen von Raumsonden

Raumsonde	Ziel	Ankunft
Luna 2 und 3	Mond	1959
Mariner 2	Venus	1962
Mariner 4	Mars	1965
Apollo	Mond	1969
Venera 7	Venus	1970
Pioneer 10	Jupiter	1973
Pioneer 11	Jupiter	1974
Mariner 10	Merkur	1974

b) Erfassen Sie die Tabelle und formatieren Sie diese wie unten abgebildet.

	Planet	Entfernung zur Sonne in Mio. km	Umlaufzeit um die Sonne in Jahren	Durchmesser in km
Unser Sonnensystem	Merkur	58	0,24	4 879
	Venus	108	0,62	12 104
	Erde	150	1,00	12 756
	Mars	228	1,88	6 794
	Jupiter	778	11,86	142 984
	Saturn	1 429	29,42	120 536
	Uranus	2 870	83,75	51 118
	Neptun	4 504	163,72	49 528

5.13 Tabstopps (1)

Setzen von Tabstopps

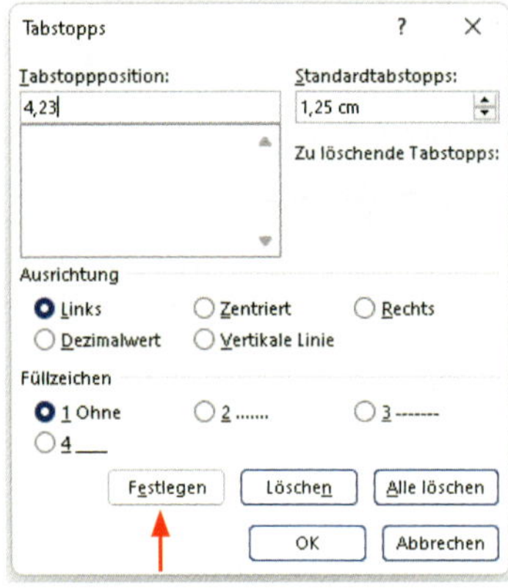

- In manchen Fällen empfiehlt es sich, Tabstopps zu setzen, um bestimmte Positionen innerhalb einer Zeile mit der Tab-Taste ansteuern zu können. Auch bei nachträglichen Formatierungen bleiben diese Positionen im Text bestehen.
- In einem Abstand von 1,25 cm sind bereits standardmäßig Tabstopps gesetzt. Für das Setzen abweichender Tabstopps klicken Sie in dem Register **Start** der Gruppe **Absatz** den rechtsschrägen Pfeil an und wechseln danach in das Dialogfeld **Tabstopps** über. Hinter der Tabstoppposition geben Sie das Maß ein. Das Setzen des Tabstopps bewirkt die Schaltfläche **Festlegen**. Gesetzte Tabstopps zeigt das Zeilenlineal an.
- Bei der Ausrichtung der Tabstopps kann zwischen linksbündiger, zentrierter, rechtsbündiger oder dezimaler Ausrichtung gewählt werden.
- Die Leerräume zwischen den Spalten können Sie durch Striche oder Punkte auffüllen. Hierzu klicken Sie die gewünschten **Füllzeichen** an.
- Erfassen Sie eine Aufstellung mit Tabstopps, bedienen Sie am Zeilenende die Returntaste.

Arbeitsablauf

Start — rechtsschrägen Pfeil in der Gruppe Absatz anklicken —

Tabstopps anklicken — Position eingeben — Ausrichtung bestimmen — Festlegen — OK

Aufgabe

Geben Sie die folgende Tabelle ein. Setzen Sie die Tabstopps auf 5,5 und 10,25 cm. Bedienen Sie jeweils am Zeilenende die Return-Taste.

Große europäische Länder

Land	**Hauptstadt**	**Einwohner**
Deutschland	Berlin	83,1 Mio.
Großbritannien	London	67,5 Mio.
Frankreich	Paris	65,3 Mio.
Italien	Rom	59,0 Mio.
Spanien	Madrid	47,4 Mio.

Setzen von Tabstopps im Lineal

- Zum Setzen der Tabstopps mit der Maus im Lineal führen Sie den Mauszeiger auf die gewünschte Position und klicken die linke Maustaste an.
- Sie legen die Ausrichtung der Tabstopps fest, indem Sie das Ausrichtungssymbol ⌊ vor dem Lineal anklicken.

Löschen von Tabstopps

- Löschen Sie die alten Tabstopps, bevor Sie neue eingeben.

Arbeitsablauf

Start — rechtsschrägen Pfeil in der Gruppe Absatz anklicken — Tabstopps anklicken — Alle löschen — OK

5.13 Tabstopps (2)

- Beim Löschen mit der Maus führen Sie den Mauszeiger in das Lineal. Sie klicken die linke Maustaste an, halten sie fest und ziehen das Symbol des Tabstopps aus dem Lineal heraus.

Aufgaben

a) Erfassen Sie die nachstehende Tabelle. Setzen Sie die Tabstopps auf 4,02 cm (linksbündig), 8,68 cm (zentriert) und 13,54 cm (rechtsbündig). Sortieren Sie die Tabelle nacheinander nach diesen Kriterien: Vornamen, Rechnungsnummer und Betrag.

Name	**Vorname**	**Rechnung**	**Betrag EUR**
Wegener	Frank	453	897,50
Hermann	Astrid	298	345,00
Meyer	Lydia	198	438,00
Albert	Heinz	345	748,50
Lange	Helmut	553	635,20
Stratmann	Regina	343	298,00
Bergmann	Helga	297	538,60

b) Setzen Sie den ersten Tabstopp auf 2,5 cm (linksbündig) und den zweiten Tabstopp auf 14 cm, Ausrichtung rechts, Füllzeichen 2. Die Überschrift soll keine Füllzeichen haben. Stellen Sie den rechten Einzug auf 3 cm.

Abschnitt	**Inhalt**	**Seite**
1	Software	2
1.1	Standardsoftware	3
1.1.1	Textverarbeitungsprogramm Word	4
1.1.2	Tabellenkalkulationsprogramm Excel	5
1.1.3	Präsentationsprogramm PowerPoint	6
1.2	Branchensoftware	7
1.2.1	Datenbankprogramm	8
1.2.2	Rechnungserstellungsprogramm	9

Aufgabe nach Situationsbeschreibung

Sie haben als Sachbearbeiter/-in der Büromöbelfabrik Westfalia AG die Zahlungseingänge zu überwachen. Für die säumigen Zahler fertigen Sie eine Tabelle an.

Die Bürosysteme Winkelmann & Co. KG erhielten die Rechnung Nr. 456 vom 10. Juni über 12.650,00 EUR. Als Zahlungsziel war der 10. Juli angegeben.

Das Unternehmen Büro 2010 hat nach der Rechnung Nr. 652 vom 15. Juni 8.528,00 EUR zu zahlen. Der Zahlungstermin 30. Juni ist inzwischen verstrichen.

Dem Unternehmen Büroorganisation Müller & Groß KG sandten Sie die Rechnung Nr. 739 vom 18. Juni zu. Für den Rechnungsbetrag von 9.256,50 EUR war als Zahlungstermin der 5. Juli angegeben.

Erstellen Sie eine Tabelle mit aussagefähigen Informationen. Sortieren Sie die Tabelle nach Firmenbezeichnungen, Rechnungsdatum und Rechnungsbetrag.

5.14 Kennzeichnung von Abschnitten

Inhaltsverzeichnis

- Abschnittsüberschriften führen Sie in einem Inhaltsverzeichnis auf.
- Abschnittsnummern stehen in einer Fluchtlinie untereinander und erhalten am Ende keinen Punkt. Die Abschnittsüberschriften — auch mehrzeilige — haben ebenfalls eine einheitliche Fluchtlinie. Nach den Abschnittsnummern lassen Sie in der Regel einen Abstand von 0,5 cm.
- Um eine automatische Nummerierung auszuschließen, empfiehlt sich durch ⇧ + ↵ eine „geschützte Zeilenschaltung".

Aufgaben

Buch +Web

a) Geben Sie das Inhaltsverzeichnis ein. Setzen Sie für den Beginn der Abschnittsüberschriften einen Tabulatorstopp auf 2 cm und rechtsbündig auf 14 cm.

b) Speichern Sie unter dem Dateinamen **Inhalt***. Drucken Sie.*

Inhalt **Seite**

Abschnittsüberschriften

- Abschnittsüberschriften werden durch je eine Leerzeile vom vorausgehenden und folgenden Text getrennt. Der Abschnittsnummer folgen mindestens zwei Leerzeichen.

Aufgaben

Buch +Web

a) Geben Sie den Text ein.

b) Löschen Sie den Textblock 1.1.1 und verändern Sie die Abschnittsnummer des folgenden Absatzes.

c) Speichern Sie unter dem Dateinamen **Abschnitt***. Drucken Sie.*

1 Computer

Der Computer beeinflusst und prägt unser Leben. Ein Arbeiten ohne Computer wäre in verschiedenen Bereichen undenkbar.

1.1 Hardware

Als Hardware bezeichnet man die Baueinheiten des Computers. Um Informationen verarbeiten zu können, ist eine bestimmte Konfiguration erforderlich.

1.1.1 Eingabeeinrichtungen

Über Eingabeeinrichtungen gelangen die Informationen in die Zentraleinheit des Computers.

1.1.1.1 Tastatur

Die Tastatur ist die wichtigste Eingabeeinrichtung. Sie ist unterteilt in einen alphanumerischen Bereich, einen numerischen Bereich und Funktionsbereiche.

5.15 Korrekturzeichen

Übersicht über die Korrekturzeichen nach DIN 16511

Korrekturart	Beispiel	Zeichen
Buchstaben		
falsch	Korrigieren Sie rechtig.	|i
mehrere	Korregieren sie richtih.	|i Ls Lg
überflüssig	Korrrigieren Sie richtig.	|ꝺ
fehlend	Korrigiren Sie richtig.	|ie
verstellt	Korrigeiren Sie richtig.	⊓ie
Wörter		
überflüssig	Korrigieren Sie richtig.	⊢⊣ꝺ
fehlend	Korrigieren richtig.	⌈Sie
verstellt	Korrigieren richtig Sie.	⊓⊔
Zwischenräume		
fehlend	Korrigieren Sierichtig.	⅂
überflüssig	Korrektur zeichen	⁀‿
weit	Korrigieren Sie richtig.	↑
Silbentrennung	Korr- igieren	|ri- |ꝺ
Absatz		
fehlend	... Sie. Beachten Sie ...	⅃
anhängen	Bis zum 15. Mai können wir Sie beliefern. Bestellen Sie recht bald.	⁀
Zeilenabstände		
zu groß	Korrigieren Sie richtig. Korrigieren Sie richtig.	⟶
zu klein	Korrigieren Sie richtig. Korrigieren Sie richtig.	—⟨
Hervorhebungen	Korrigieren Sie richtig.	—— fett

5.16 Texterfassung für die Autorenkorrektur

Aufgaben

Buch +Web

a) Geben Sie den Text mit einem 1,5-zeiligen Zeilenabstand fortlaufend ein. Korrigieren Sie etwaige Schreibfehler sofort.

b) Speichern Sie den Text unter dem Dateinamen **Autorenkorrektur**.

Die Entwicklungsgeschichte des Computers

Anschläge

Schon immer war der Mensch bestrebt, technische Hilfsmittel 62
für alle Lebensbereiche zu nutzen. In der Antike entwickel- 124
ten die Menschen bereits Rechenbretter, nach denen auch die 186
erste Rechenmaschine - der Abakus - entstand. Seit der Zeit 250
sind aber noch weitere Rechenmaschinen konstruiert worden. 310

Als bedeutende Erfindung sah man die Lochkartenmaschine des 373
Amerikaners Herman Hollerith an. Eigens für eine Volkszäh- 436
lung hatte er eine Maschine entwickelt, die mit einem Stan- 496
zer Karten lochte. Das Äußere dieser Maschine ähnelte einer 560
Schreibmaschine. Ein Rechenwerk zählte alle Werte zusammen. 624

Konrad Zuse gilt als Erfinder des Computers. Er hatte schon 689
im Jahre 1934 das Konzept für einen Computer entworfen, den 752
die Deutsche Versuchsanstalt für Luftfahrt in Berlin in Be- 815
trieb nahm. Das war im Jahre 1941. Die erste Datenverarbei- 877
tungsanlage arbeitete mit vielen Relais programmgesteuert. 938

Der Elektronenrechner Eniac benötigte noch sehr viel Platz. 1002
An der Anlage von 140 m^2 dienten Röhren als Schaltelemente. 1066
Der Eniac kam im Jahre 1946 auf den Markt. Nach diesem Com- 1130
puter folgten die „Rechner“ der zweiten Computergeneration, 1194
die über Transistoren verfügten. Sie arbeiteten schneller. 1256

Daneben hatten sie noch andere Vorteile: Sie hatten ein ge- 1318
ringeres Gewicht und beanspruchten weniger Platz. Zudem wa- 1379
ren sie weniger störungsanfällig. Die „Integrierten Schalt- 1441
kreise“ lösten 1968 die ältere Technik ab. Nun übernahm der 1504
Chip die Speicherung. Er konnte 64 Schaltkreise vereinigen. 1568

1978 konnte ein Chip 64 000 Bits speichern. Die Entwicklung 1632
ging nun rasant voran. Im Jahre 1986 wurden Computer herge- 1693
stellt, deren Hauptspeicher 640 Kilobyte Speicherplatz bot. 1756
Das sind mehr als 640 000 Zeichen. Auch der Speicherzugriff 1820
beschleunigte sich weiter. Die Programme wurden verbessert. 1882

73970

Aufgaben

a) *Öffnen Sie die Datei* **Autorenkorrektur**.

b) *Führen Sie die gekennzeichneten Korrekturen aus.*

c) *Nehmen Sie die Worttrennungen nachträglich vor.*

d) *Speichern Sie den Text unter dem Dateinamen* **Autorenkorrektur** *erneut.*

e) *Drucken Sie den Text aus.*

Buch +Web

Text	Korrektur
Schon immer war der Mensch bestrebt, technische Hilfsmittel	im Altertum
für alle Lebensbereiche zu nutzen. In der Antike entwickel-	in en en
ten die Menschen bereits Rechenbretter, nach denen auch die	fett
erste Rechenmaschine - der Abakus - entstand. Seit der Zeit	kursiv
sind aber noch weitere Rechenmaschinen konstruiert worden.	(Deleatur)
Als bedeutende Erfindung sah man die Lochkartenmaschine des	fett
Amerikaners Herman Hollerith an. Eigens für eine Volkszäh-	kursiv F
lung hatte er eine Maschine entwickelt, die mit einem Stan-	besonderen
zer Karten lochte. Das Äußere dieser Maschine ähnelte einer	
Schreibmaschine. Ein Rechenwerk zählte alle Werte zusammen.	ne Zähluhr addierte (Deleatur)
Konrad Zuse gilt als Erfinder des Computers. Er hatte schon	kursiv
im Jahre 1934 das Konzept für einen Computer entworfen, den	
die Deutsche Versuchsanstalt für Luftfahrt in Berlin in Be-	
trieb nahm. Das war im Jahre 1941. Die erste Datenverarbei-	schon
tungsanlage arbeitete mit vielen Relais programmgesteuert.	fett
Der Elektronenrechner Eniac benötigte noch sehr viel Platz.	fett
An der Anlage von 140 m² dienten Röhren als Schaltelemente.	
Der Eniac kam im Jahre 1946 auf den Markt. Nach diesem Com-	(Deleatur)
puter folgten die „Rechner“ der zweiten Computergeneration,	
die über Transistoren verfügten. Sie arbeiteten schneller.	fett
Daneben hatten sie noch andere Vorteile: Sie hatten ein ge-	
ringeres Gewicht und beanspruchten weniger Platz. Zudem wa-	
ren sie weniger störungsanfällig. Die „Integrierten Schalt-	
kreise“ lösten 1968 die ältere Technik ab. Nun übernahm der	im Jahre
Chip die Speicherung. Er konnte 64 Schaltkreise vereinigen.	fett
1978 konnte ein Chip 64 000 Bits speichern. Die Entwicklung	
ging nun rasant voran. Im Jahre 1986 wurden Computer herge-	
stellt, deren Hauptspeicher 640 Kilobyte Speicherplatz bot.	Arbeitss
Das sind mehr als 640 000 Zeichen. Auch der Speicherzugriff	
beschleunigte sich weiter. Die Programme wurden verbessert.	Anwendungsp

Erfassen einer Maske

- Für Vordrucke oder Briefe, die an bestimmten Stellen zu beschriften sind, können Masken verwendet werden, die zuvor erfasst oder gespeichert sind.
- Bei der Erfassung einer Maske sind an den Positionen (Spalten und Zeilen), die bei der Texterfassung anzusteuern sind, „Haltepunkte“ zu setzen. Die Haltepunkte entstehen durch Strg + F9. Auf dem Bildschirm erscheint das Zeichen { }. Der Cursor ist hinter das Zeichen zu führen.

Speichern einer Maske

- Masken sind unter einem Dateinamen zu speichern.

Erfassen eines Textes in einer Maske

- Bevor ein Text erfasst werden kann, muss die Maske in den Arbeitsspeicher geladen werden.
- Um bei der Beschriftung der Maske in andere Zeilen zu gelangen, ist die Cursortaste zu bedienen.
- Die Haltepunkte steuert man mit der Funktionstaste F11 an. Der Cursor springt auf den Haltepunkt. Das Symbol für den Haltepunkt kann nun überschrieben werden.
- Die Steuerzeichen für die Haltepunkte (Feldfunktionen) stellen Sie unter **Datei, Optionen** ein. Sie klicken **Erweitert** an und srollen danach zu **Dokumentinhalt anzeigen.** Hier stellen Sie ein **Feldfunktionen anstelle von Werten anzeigen.**
- Mit **Alt + F9** schalten Sie die Feldfunktionen ein und aus.

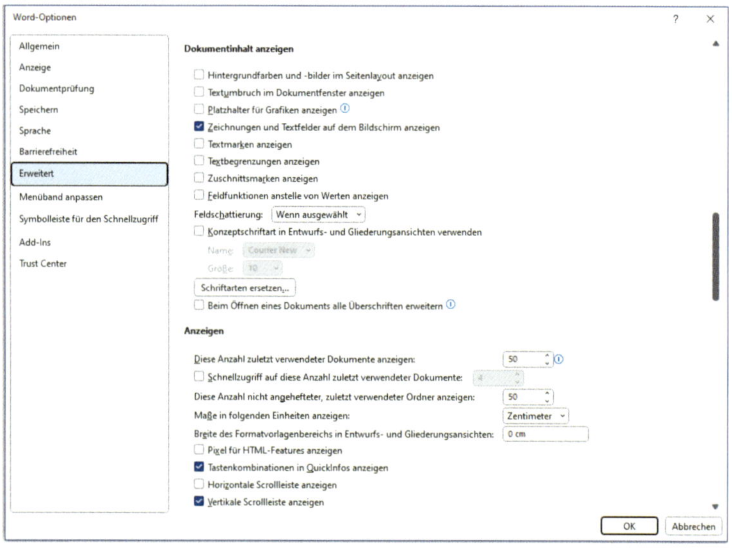

Aufgaben

a) Erfassen Sie die Maske wie unten abgebildet.
b) Speichern Sie unter dem Dateinamen **Maske Telefon**.

<table>
<tr><td colspan="3" align="center">Telefonnotiz</td></tr>
<tr><td>Anruf für
{ }</td><td>Anruf von
{ }</td><td>Unternehmen
{ }</td></tr>
<tr><td>Telefon
{ }</td><td colspan="2">E-Mail
{ }</td></tr>
<tr><td colspan="3">Grund
{ }</td></tr>
<tr><td>Aufgenommen von
{ }</td><td>Datum
{ }</td><td>Uhrzeit
{ }</td></tr>
</table>

73970

5.19 Telefonnotiz – Protokoll

Telefonnotiz		
Anruf für Julia Probst	**Anruf von** Stefanie Becks	**Unternehmen** TECHNOLUX GmbH
Telefon 0351 5452-28	**E-Mail** becks@technolux-wvd.com	
Grund Die Lieferung der 10 Waschautomaten EWA 350 verzögert sich um eine Woche.		
Aufgenommen von Katrin Heinemann	**Datum** 20.11.20..	**Uhrzeit** 09:50 Uhr

Aufgaben

a) Erstellen Sie für das Protokoll eine Maske mit der Schriftart Arial, Schriftgrad 10.
b) Speichern Sie unter dem Dateinamen **Maske Protokoll**.

Buch +Web

Protokoll der Sitzung des Aufsichtsrates der Büromöbelfabrik Westfalia AG

Tag: Donnerstag. 11. Oktober 20..
Zeit: 14:00 bis 16:00 Uhr
Ort Sitzungsraum 1

Teilnehmer: Dr. Peter Krüger, Vorsitzender des Aufsichtsrates
Dr. Regina Baumann, Aufsichtsrat
Felix Meerkamp, Aufsichtsrat
Dr. Thomas Müller, Vorstandsvorsitzender
Dr. Melanie Topp, Vorstand

Leitung: Dr. Peter Krüger, Vorsitzender des Aufsichtsrates

Protokoll: Frau Tanja Fischer, Sekretariat

Tagesordnung:
1. Genehmigung des Protokolls des Aufsichtsrates vom 26. September 20..
2. Verabschiedung der Geschäftsordnung für den Aufsichtsrat
3. Verabschiedung der Geschäftsordnung für den Vorstand
4. Situationsbericht des Vorstandes

Tagesordnungspunkt 1
Genehmigung des Protokolls der Aufsichtsratssitzung vom 26. September 20..

Die Sitzungsteilnehmer genehmigen das Protokoll der Aufsichtsratssitzung vom 26. September 20.. einstimmig.
...
Dr. Peter Krüger bedankt sich den konstruktiven Sitzungsverlauf und schließt die Sitzung.

Dortmund, 11. Oktober 20..

Dr. Peter Krüger — *Tanja Fischer*

Dr. Peter Krüger
Vorsitzender des Aufsichtsrates

Tanja Fischer
Protokollführerin

6 Formale Textverarbeitung

6.1 Wie bewerbe ich mich?

Situation

Auf eine Stellenanzeige der Bürosysteme Winkelmann & Co. OHG, Postfach 1 83 45, 44137 Dortmund, bewerben Sie sich um die Stelle als Kauffrau oder Kaufmann für Büromanagement. Von Ihnen werden eine abgeschlossene Berufsausbildung, umfangreiche PC-Kenntnisse, organisatorisches Geschick, Flexibilität und Belastbarkeit sowie ein gewandtes und sicheres Auftreten erwartet. Das Unternehmen bietet eine übliche tarifliche Vergütung und die Möglichkeit zur Fort- und Weiterqualifizierung.

Den Bewerbungsunterlagen fügen Sie einen tabellarischen Lebenslauf, ein Passfoto, eine Kopie des Gehilfenbriefes, zwei Zeugniskopien und zwei Lehrgangsbescheinigungen bei.

Die Bewerbungsunterlagen

Aufgaben

Buch +Web

a) Stellen Sie den Rand links auf 2,4 cm und rechts auf 1,6 cm.
b) Erfassen Sie den Text.
c) Heben Sie die wichtigsten Textteile hervor.
d) Stellen Sie den Blocksatz ein.
e) Speichern Sie unter dem Dateinamen **Bewerbung** *und drucken Sie den Text aus.*

Zeile

```
Bewerberinnen und Bewerber sollten als Bewerbungsunterlagen das Bewerbungsschreiben, einen Lebenslauf in Tabellenform, ein Passfoto und Kopien der Zeugnisse einreichen.

Die Bewerbungsunterlagen sind die Visitenkarte des Bewerbers. Sie sollten sorgfältig zusammengestellt werden. Das Bewerbungsschreiben sollte den Schreib- und Gestaltungsregeln für die Text- und Informationsverarbeitung (DIN 5008) entsprechen.

Der tabellarische Lebenslauf muss alle Ihre bisherigen Tätigkeiten lückenlos aufzeigen. Reichen Sie kein veraltetes Passfoto ein. Fotos von Automaten sollten Sie möglichst nicht verwenden. Stellen Sie von Ihren Zeugnissen Kopien her. Die Originale behalten Sie.
```

Das Bewerbungsschreiben

Aufgaben

Buch +Web

a) Erfassen Sie den Text und fügen Sie Aufzählungszeichen ein.
b) Stellen Sie die Schriftart Arial, Schriftgrad 11, ein.
c) Heben Sie wichtige Textteile hervor.
d) Speichern Sie unter dem Dateinamen **Bewerbungsschreiben** *und drucken Sie den Text aus.*

- Beziehen Sie sich in dem Bewerbungsschreiben auf die *Informationsquelle*. Das kann beispielsweise die Stellenanzeige in einer Tageszeitung, das Internet oder der Hinweis eines Mitarbeitenden sein.
- Erläutern Sie, warum Sie sich um die Stelle bewerben. Schildern Sie Ihre bisherige *Berufsausbildung und Ihre Berufstätigkeiten.*
- Weisen Sie auf Ihre besonderen **Kenntnisse und Fertigkeiten** hin. Bringen Sie die Bereitschaft zur Fortbildung zum Ausdruck. Erwähnen Sie, dass Sie sich schnell in neue Arbeitsgebiete einarbeiten können und auch bereit sind, Ihre Arbeitszeit den betrieblichen Erfordernissen anzupassen.
- Bitten Sie um ein Vorstellungsgespräch.

6.2 Straßennamen

Zusammenschreibung von Straßennamen

Zeile		Anschläge
1	Der Radfahrer bog hinter der Siedlung in den Mühlenweg ein.	64
2	Auch die Webergasse ist für den Durchgangsverkehr gesperrt.	63
3	Der Autobus hält an der Bismarckstraße und der Königsallee.	64
4	Neben dem Westfalendamm wird jetzt ein Radfahrweg angelegt.	63
5	Wegen Bauarbeiten ist der Schillerplatz bis April gesperrt.	64

- Straßennamen, die aus einem einfachen oder zusammengesetzten Substantiv (auch Namen) und einem für Straßennamen typischen Grundwort bestehen, werden zusammengeschrieben.

Straßennamen mit Bindestrich

Zeile		Anschläge
6	Die Albrecht-Dürer-Straße ist nun für den Verkehr gesperrt.	63
7	Vor dem Kaiser-Wilhelm-Ring steht ein neues Verkehrsschild.	64
8	Die Robert-Koch-Straße ist nur in einer Richtung befahrbar.	63
9	Der Festzug beginnt vielleicht auf dem Ludwig-Erhard-Platz.	64
10	Auswärtige Besucher befahren oft die Friedrich-List-Straße.	64

- Der Bindestrich wird verwendet, wenn vor dem Grundwort mehrere Bestimmungswörter stehen.

Straßennamen mit Orts- und Ländernamen

Zeile		Anschläge
11	Auf dem Marburger Weg steht seit heute eine Fußgängerampel.	64
12	Der Bad Nauheimer Weg ist bis Juli nur einspurig befahrbar.	65
13	Auf dem Amsterdamer Platz soll eine Kundgebung stattfinden.	64
14	Der Marathonlauf wird auf der Rheinischen Straße gestartet.	64
15	Ein Personenkraftwagen wendete auf der Schlesischen Straße.	64

- Getrennt schreibt man Ableitungen von Orts- oder Ländernamen auf -er oder -isch.

Straßennamen aus Adjektiven

Zeile		Anschläge
16	Die Hochstraße soll nun bis April d. J. asphaltiert werden.	64
17	Für den Ausbau der Hohen Straße stehen keine Mittel bereit.	65
18	Zur Wahlversammlung am Altmarkt erschienen viele Einwohner.	64
19	Durch Straßenumbenennung heißt der Platz jetzt Alter Markt.	65
20	Die Touristen besuchen immer wieder gern die Kleine Brücke.	64

- Straßennamen, die aus einem ungebeugten Adjektiv und einem Grundwort zusammengesetzt sind, werden zusammengeschrieben. Getrennt schreibt man dagegen, wenn das Adjektiv gebeugt ist. Das erste Wort eines Straßennamens wird großgeschrieben.

Zeile		Anschläge
21	Im Stillen Winkel werden entlang des Weges Bäume gepflanzt.	65
22	Das Motorrad bog An der Grünen Hecke in den Drosselweg ein.	66
23	Der Weg „An den Drei Linden" ist nun nicht mehr passierbar.	67
24	Am Ende der Brunnengasse beginnt der Weg „Am Großen Teich".	69
25	Die neue Unternehmensanschrift lautet: Im Tiefen Grund 325.	65

- Alle zum Straßennamen gehörenden Adjektive schreibt man groß.

Aufgabe

Schreiben Sie die Straßennamen richtig.

Neu...(m)arkt, (n)euer...(m)arkt, Alster...(p)fad, Frankfurter...(r)ing, Heinrich...(h)eine...(p)latz, Fränkische...(s)traße, Aachener...(h)auptstraße, Hochfeld...(s)traße, Hermann...(l)öns...(s)traße, (a)n der (g)roßen Brücke, Berliner...(a)llee, Heinemann...(s)traße.

6.3 Anschriften

Anschriftfeld

- Das Feld ist 45 mm hoch. Rücksendeangabe und Zusatz- und Vermerkzone sind zu einer Zone zusammengefasst. Das Anschriftfeld besteht aus 11 Zeilen, die Zusatz- und Vermerkzone aus fünf Zeilen und die Anschriftzone aus sechs Zeilen. Die Zusatz- und Vermerkzone ist 17,7 mm hoch, während die Anschriftzone eine Höhe von 27,3 mm hat.

Personenschriften

- Die Rücksendeangabe (Postanschrift des Absenders) behandeln Sie wie die übrigen Zusätze und Vermerke, z. B. „Einschreiben Einwurf“ oder elektronische Frankiervermerke. Ist kein Zusatz oder Vermerk vorhanden, steht die Rücksendeangabe über der Anschriftzone. In der Zusatz- und Vermerkzone verwenden Sie eine kleinere Schriftgröße.
- Die Anrede beginnt in der 1. Zeile der Anschriftzone. Darunter steht in der 2. Zeile der Name. Die Straßenbezeichnung steht im Allgemeinen in der 3. Zeile, während für die Postleitzahl und den Wohnort die 4. Zeile vorgesehen ist. Postleitzahlen schreiben Sie fünfstellig und ungegliedert.
- Berufs- oder Amtsbezeichnungen stehen hinter der Anrede. Akademische Grade wie Diplom- und Doktorgrade (z. B. *Dr., Dipl.-Ing., Dipl.-Kfm.*) stehen vor dem Namen. Das gilt auch für *Prof.*. Bachelor- und Mastergrade werden in der Regel hinter dem Namen aufgeführt, z. B. *B. A.* (Bachelor of Arts), *B. Sc.* (Bachelor of Science), *M. A.* (Magister Artium).

5	•	•
4	•	•
3	•	Hightech AG • 04275 Leipzig
2	•	
1	Köhler-Versand GmbH, Postfach 15 37 26, 24103 Kiel	Einschreiben Einwurf
1	Frau	Herrn
2	Dagmar Schmidt	Prof. Dr. Thomas Schulze
3	Gartenstraße 15	Hardenbergstraße 26
4	76133 Karlsruhe	04275 Leipzig
5	•	•
6	•	•

Unternehmensanschriften

- Ist ein Postfach vorhanden, wird anstelle der Straßenbezeichnung das Postfach aufgeführt. Postfachnummern gliedern Sie durch Leerzeichen von rechts nach links in zweistellige Gruppen.
- Soll der Brief eine bestimmte Mitarbeiterin oder einen bestimmten Mitarbeiter erreichen, setzen Sie die Anrede mit dem Vor- und Zunamen unter die Firma.
- Große Unternehmen und Behörden haben oft eine eigene Postleitzahl. In einem solchen Fall führen Sie kein Postfach auf.

5	•	•
4	•	•
3	•	•
2	Huber GmbH, Postfach 89 67 22, 90459 Nürnberg	Vogel GmbH, Postfach 36 17 26, 50676 Köln
1	Einschreiben Einwurf	Nicht nachsenden!
1	Papierfabrik	Autohaus Brandenburg
2	Nordost GmbH	Niederlassung Potsdam
3	Frau Tanja Schulze	Herrn Dipl.-Kfm. Heinz Schmitt
4	16225 Eberswalde	Postfach 6 39 49
5	•	14471 Potsdam
6	•	•

- In Anschriften von Einzelunternehmen führen Sie hinter dem Namen den Zusatz *e. K.* oder *e. Kffr.* (eingetragene Kauffrau) bzw. *e. K.* oder *e. Kfm.* (eingetragener Kaufmann) auf.

5	•	•
4	•	Vogel GmbH, Postfach 36 17 26, 50676 Köln
3	•	
2	Brenner GmbH • Postfach 13 50 • 59494 Soest	Nicht nachsenden!
1	Einschreiben	Persönlich
1	Sport + Spiel GmbH	Sabine Bräuner e. K.
2	Frau Stefanie Schneider	Platanenweg 125
3	Postfach 55 89 34	50827 Köln
4	24937 Flensburg	•
5	•	•
6	•	•

6.4 Das Bewerbungsschreiben

Buch +Web

Tanja Hoffmann
Uhlandstraße 37
44147 Dortmund
Telefon: 0231 345375
E-Mail: t.hoffmann@aol.com

Tanja Hoffmann, Uhlandstraße 37,44147 Dortmund
Büroorganisation
Beyer GmbH
Frau Stefanie Keller
Postfach 25 15 45
44137 Dortmund

20..-11-12

Bewerbung um eine Stelle als Kauffrau für Büromanagement

Sehr geehrte Frau Keller,

Sie suchen in Ihrer Stellenanzeige im *Dortmunder Tageblatt* eine motivierte, zielorientierte und sachkundige Kauffrau für Büromanagement. Dann versuchen Sie es doch mit mir. Ich bewerbe mich bei Ihnen um diese Stelle, weil ich die geforderten Voraussetzungen erfülle.

Meine Berufsausbildung als Kauffrau für Büromanagement absolvierte ich beim Handelsmarkt Rhein-Ruhr GmbH in Bochum. Während dieser Zeit habe ich selbstständig mit der Software *Office 2021* gearbeitet. In der Berufsschule vertiefte ich die Kenntnisse mit den Programmen Word, Excel und PowerPoint und lernte organisatorische Abläufe innerhalb von Unternehmen kennen.

Im Internet informierte ich mich über Ihr Unternehmen. Mit meiner Team- und Kommunikationsfähigkeit werde ich in Ihrem Unternehmen eine gute Mitarbeiterin sein. Ich bin es gewohnt, meine Arbeitszeit den betrieblichen Bedürfnissen anzupassen, um bei einem hohen Arbeitsaufkommen alle Arbeiten termingerecht erledigen zu können.

Überzeugen Sie sich in einem Bewerbungsgespräch von meinem freundlichen und gewandten Auftreten.

Freundliche Grüße

Anlage

1 Bewerbungsmappe

Randeinstellung
Links: 2,5 cm
Rechts: 2 cm

- Der Briefkopf kann in einer Kopfzeile von 5 cm Höhe angeordnet sein. Zum Briefkopf gehören die Namen des Absenders, Straßenbezeichnung mit Hausnummer, Postleitzahl und Wohnort sowie die Kommunikationsverbindungen. Nach dem Briefkopf (5 cm) beginnt die Anschrift in der 1. Zeile der Anschriftzone. Über der Anschriftzone steht die Rücksendeangabe. Zwei Leerzeilen unter dem Anschriftfeld folgt das Datum. Nach dem Datum lassen Sie zwei Leerzeilen bis zum Betreff. Den Betreff dürfen Sie durch Fettschrift und/oder Farbe hervorheben. Danach lassen Sie wiederum zwei Leerzeilen.
- Der Anlagenvermerk steht nach drei Leerzeilen unter dem Gruß. Die Überschrift dürfen Sie durch Fettschrift hervorheben. Darunter können Sie die Anlagen einzeln aufführen.

Lebenslauf

Persönliche Daten

Vor- und Zunamen ***Tanja Hoffmann***

Anschrift *Uhlandstraße 37*
44147 Dortmund

Telefon *0231 345375*
E-Mail *t-hoffmann@aol-wvd.com*
Geburtsdatum und -ort *17. April 20.. in Dortmund*

Familienstand *ledig*

Berufliche Tätigkeit

Zeitraum *seit 1. August 20.. – unbefristet*

Arbeitgeber *EURO-Computer AG*
Anschrift *Sondinger Straße 37 – 39, 44805 Bochum*
Tätigkeitsbereich *Sachbearbeiterin in der Organisationsabteilung*

Schul- und Berufsausbildung

Zeitraum *1. August 20.. – 31. Juli 20..*
Ausbildungsbetrieb *EURO-Computer AG*
Berufsschule *Karl-Schiller-Berufskolleg, Dortmund*
Qualifikation *Kauffrau für Büromanagement, Note „sehr gut“*

Zeitraum *1. August 20.. – 31. Juli 20..*
Schulbildung *Helmholz-Gymnasium, Dortmund*
Leistungskurse *Deutsch und Biologie*
Qualifikation *Allgemeine Hochschulreife*

Zeitraum *1. August 20.. – 31. Juli 20..*
Schulbildung *Lessing-Grundschule, Dortmund*

Fähigkeiten und Kompetenzen

Muttersprache *Deutsch*
Sprachkenntnisse Englisch *kompetentes Verstehen, Sprechen und Schreiben*
Sprachkenntnisse Französisch *selbstständiges Verstehen, Sprechen und Schreiben*
Computerkenntnisse *Office 2021 und SAP S/4HANA*

Führerschein *Klasse B*

Dortmund, 12. Novermber 20..

Tanja Hoffmann

73970

6.6 Privatbriefe nach formloser Vorlage

Bewerbung als Personalsachbearbeiterin

Gestalten Sie den Brief normgerecht. Bilden Sie sinnvolle Absätze.

Briefkopf:	erfundene Absenderangaben
Empfängeranschrift:	Fahrradwerke Hagen & Co. AG Postfach 1 45 98, 14770 Brandenburg
Datum:	heutiges Datum
Betreff:	Bewerbung als Personalsachbearbeiterin
Anrede:	Sehr geehrte Damen und Herren,
Briefabschluss:	Freundliche Grüße
Anlagen:	7 Anlagen

Von Ihrer Mitarbeiterin, Frau Elvira Neumann, erfuhr ich, dass Sie zum 1. September d. J. die Stelle einer Personalsachbearbeiterin neu besetzen. Um diese Stelle bewerbe ich mich. Nach meiner Ausbildung als Industriekauffrau war ich zunächst bei den Vereinigten Metallwerken GmbH, Neubrandenburg, beschäftigt.

Danach wechselte ich zur Glasfabrik Nordost AG, Berlin, wo ich als Sachbearbeiterin für den Einkauf eingestellt wurde, bevor ich die Stelle einer Personalsachbearbeiterin übernahm. Da ich bei meinem jetzigen Arbeitgeber keine Aufstiegschancen sehe, möchte ich für Sie tätig sein. Ich stelle mich Ihnen gern vor.

Buch +Web

Bewerbung als Auszubildender

Gestalten Sie den Brief normgerecht. Bilden Sie sinnvolle Absätze.

Briefkopf:	erfundene Absenderangaben
Empfängeranschrift:	Maschinenfabrik Rhein-Main AG Postfach 12 32 78, 60329 Frankfurt
Datum:	heutiges Datum
Betreff:	Bewerbung als Auszubildender
Anrede:	Sehr geehrte Damen und Herren,
Briefabschluss:	Freundliche Grüße
Anlagen:	5 Anlagen

Im „STADTECHO" las ich, dass Sie Auszubildende für den Beruf des Industriekaufmanns einstellen. Ich habe den Wunsch, Industriekaufmann zu werden. Darum bewerbe ich mich um diesen Ausbildungsplatz. Ich besuche zurzeit die Höhere Berufsfachschule, die ich im August d. J. mit der Fachhochschulreife verlassen werde.

Die Zeugnisse informieren Sie ausführlich über meine schulischen Leistungen. Ganz besonders interessieren mich die Fächer Volkswirtschaftslehre, Betriebswirtschaftslehre, Textverarbeitung und Deutsch. In den Sommerferien absolvierte ich bei der Möbelfabrik Weber KG ein Betriebspraktikum, das mir viel Freude bereitete.

Danach entschloss ich mich, Industriekaufmann zu werden, weil ich glaube, dass dieser Beruf meinen Interessen, Neigungen und Fähigkeiten besonders entspricht. Ich stelle mich gern bei Ihnen vor.

Buch +Web

Aufgabe

Bewerben Sie sich bei der EURO-Computer AG, Postfach 2 78 19, 44795 Bochum, um einen Ausbildungsplatz als Industriekauffrau (Industriekaufmann). Weisen Sie auf Ihre Kenntnisse in der Textverarbeitung mit dem Textverarbeitungsprogramm WORD 2021 besonders hin. Fügen Sie dem Bewerbungsschreiben einen tabellarischen Lebenslauf bei.

6.7 Vorlagen für Geschäftsbriefe

Vorlagen für Geschäftsbriefe

- Bei den Vorlagen für Geschäftsbriefe mit einem Informationsblock wird zwischen zwei Formen unterschieden:

Position	Hochgestelltes Anschriftfeld Form A	Tiefgestelltes Anschriftfeld Form B
1. Leitwort vom oberen Rand	3,2 cm	5 cm

Beim Informationsblock gibt es zwei Formen:

- den Standardinformationsblock und den
- gestalteten Informationsblock.

Standardinformationsblock mit hochgestelltem Anschriftfeld

Briefkopf 2,7 cm Höhe

EURO-Computer AG

Zusatz- und Vermerkzone

Anschriftzone

Höhe des gesamten Anschriftfeldes: 4,5 cm
Breite des Anschriftfeldes: 8,5 cm

10 cm vom linken Rand

Ihr Zeichen: 3,2 cm von der oberen Blattkante
Ihre Nachricht vom:
Unser Zeichen:
Unsere Nachricht vom:
•
Name:
Telefon:
Telefax:
E-Mail:
•
Datum:

- Beim Standardinformationsblock setzen Sie die Angaben unmittelbar hinter dem jeweiligen Leitwort ein. Anschrift, Leitwörter des Informationsblockes und der Brieftext haben die gleiche Schriftart und -größe. Für die E-Mail-Adresse und Internetadresse dürfen Sie eine kleinere Schriftgröße verwenden, mindestens jedoch 8 Punkt.

Gestalteter Informationsblock

Zusatz- und Vermerkzone

Anschriftzone

Höhe des gesamten Anschriftfeldes: 4,5 cm
Breite des Anschriftfeldes: 8,5 cm

10 cm vom linken Rand

Mitarbeiter/-in:
Abteilung:
•
Telefon:
Telefon:
Telefax:
E-Mail:
Internet:
•
Datum:

- Sie dürfen Leitwörter dieses Informationsblockes ergänzen, weglassen oder verändern. Für die Leitwörter des gestalteten Informationsblockes verwenden Sie eine kleinere Schriftgröße. Die Angaben ordnen Sie in einer Fluchtlinie untereinander an.

Geschäftsangaben

- In die Fußzeile der Vorlage setzen Sie im Allgemeinen die Angaben über die Geschäftsräume, die Nummern der Hauptanschlüsse aller Kommunikationsmittel und die Kontoverbindungen. Werden die Geschäftsbriefblätter auch für Rechnungen verwendet, müssen Sie nach den steuerrechtlichen Vorgaben auch die Steuernummer und die USt-IdNr. aufführen. In Briefvorlagen für Kapitalgesellschaften (Aktiengesellschaft, Gesellschaft mit beschränkter Haftung, Kommanditgesellschaft auf Aktien) müssen Sie die Firma so aufführen, wie sie im Handelsregister eingetragen ist. Die Rechtsform, der Sitz der Gesellschaft, das Registergericht und die Handelsregisternummer sind aufzunehmen. Außerdem sind der oder die Vorsitzende des Aufsichtsrates und die Namen aller Mitglieder des Vorstandes (bei der GmbH die Namen der Geschäftsführenden) aufzuführen.

73970

6.8 Briefabschlüsse in Geschäftsbriefen

Gruß mit Angabe des oder der Unterzeichnenden

Haben Sie noch Fragen? Dann beraten wir Sie gern.

Freundliche Grüße

Raum für die Unterschrift

Thomas Weber

■ Zwischen dem Gruß und der maschinenschriftlichen Angabe des Unterzeichners bleiben drei Leerzeilen (viermal ↵).

Briefabschluss mit Angabe der Firma

Sicher sind Sie mit unserem Vorschlag einverstanden.

Freundliche Grüße

Maschinenfabrik
Hochsauerland GmbH

Helga Schönbrunn

■ Die Bezeichnung der Firma, Behörde usw. wird durch eine Leerzeile (zweimal ↵) vom Gruß abgesetzt.

Briefabschluss mit zwei Unterschriften

Senden Sie uns die Verträge unterschrieben zurück.

Freundliche Grüße

Immobilienservice der
Norddeutschen Landesbank EG

ppa.

Frank Winter Britta Hoffmann

■ Zusätze wie ppa., i. V. oder i. A. stehen zwischen der Firma und der Unterschriftswiederholung oder vor der Wiederholung des Namens in derselben Zeile. Zwischen den einzelnen Bestandteilen bleibt eine Leerzeile (zweimal ↵).

■ Der Name des zweiten Unterzeichners steht rechts neben dem Namen des ersten Unterzeichners.

Aufgabe

Buch +Web

Schreiben Sie die Briefabschlüsse normgerecht:

Sicher informieren Sie uns, sobald Sie etwas Neues erfahren. Freundliche Grüße
Gebrüder Westerwinkel OHG – Personalabteilung – Gabriele Bertram

Unsere Mitarbeiterin, Frau Gisela Groß, wird alle Einzelheiten mit Ihnen besprechen.
Freundliche Grüße – Bürosysteme Wagner & Söhne KG – ppa. Hans Teichert – Silvia Friedrich

Als Sachbearbeiter/-in der Großhandlung Schreiber & Sohn OHG haben Sie einen Geschäftsbrief anzufertigen. Entwerfen Sie dazu den Briefabschluss.

6.9 Training – Die Anfrage

Zeilensätze zur Zahlengliederung

Anschläge

Zeile 1 Für die Reparatur sind nur noch 7.854,55 EUR zu überweisen. 65
2 Die Kosten für das Mehrfamilienhaus betrugen 1.200.000 EUR. 66
3 Bitte wählen Sie ab August d. J. die neue Rufnummer 649547. 65
4 Unsere Telefonzentrale 3451-3 vermittelt die Ferngespräche. 63
5 Möchten Sie Frau Steinmeier sprechen, wählen Sie 25383-348. 65

6 Unseren neuen Chef erreichen Sie jetzt unter 02931 529-132. 65
7 Für das Fernkopieren wählen Sie nun aber Fax 0441 38543-60. 65
8 Führen Sie in der Anschrift das neue Postfach 14 56 89 auf. 64
9 Auf dem Vordruck ist die Postfachnummer 3 45 38 gegliedert. 63
10 War die IBAN DE52 3205 0000 0000 4956 79 richtig angegeben? 66

Aufgabe

Schreiben Sie die Beispiele normgerecht.

Telefonnummern: Vorwahl 0928 – Teilnehmerrufnummer 453898 – Durchwahl 321
Vorwahl 05238 – Teilnehmerrufnummer 87653
Internationale Bankleitzahl: IBAN: DE79250700000000421358

Die Anfrage

11 In einer Anfrage bittet der Kunde den Lieferer um ein Ange- 63
12 bot. Die Anfrage ist unverbindlich und ohne rechtliche Wir- 124
13 kung. Zwischen einer allgemeinen und bestimmten Anfrage ist 185
14 zu unterscheiden. Die bestimmte Anfrage enthält genaue Ein- 246
15 zelheiten über Preis, Menge, Qualität und Verwendungszweck. 309

16 Natürlich möchte der Kunde über die Liefer- und Zahlungsbe- 371
17 dingungen informiert werden. Wünscht der Kunde z. B. Preis- 433
18 listen, Kataloge, Muster oder den Besuch eines Vertreters, 495
19 handelt es sich um eine allgemeine Anfrage. Der Empfänger 555
20 prüft immer, ob er den Kunden beliefern will oder nicht. 612

21 Genießt der Anfragende keinen guten Ruf, legt der Lieferer 674
22 keinen Wert darauf, einen Auftrag zu erhalten. Die Anfrage 736
23 sollte bestimmte Punkte enthalten: Beginnen Sie die Einlei- 799
24 tung Ihrer Anfrage mit Hinweisen auf die Informationsquel- 860
25 le. Woher haben Sie die Anschrift des Lieferers erhalten? 922

26 Haben Sie die Anschrift aus der Tageszeitung, einer Fach- 982
27 zeitschrift oder von Geschäftsfreunden erfahren? Sind Sie 1044
28 bereits Kunde, führen Sie den Grund Ihrer Anfrage an. Wenn 1107
29 es sich um eine erste Anfrage handelt, stellen Sie Ihr Un- 1167
30 ternehmen vor. Bedanken Sie sich am Ende für das Angebot. 1227

Situation

Die EURO-Computer AG fragt bei einer Möbelfabrik an

Sabine Gerhard ist Mitarbeiterin der Verwaltung der EURO-Computer AG und hat eine Anfrage über Bürostühle an die Büromöbelfabrik Dörfler & Söhne KG, Postfach 4 79 95, 30159 Hannover, zu richten. Das Untergestell der Drehstühle soll fünf Rollen haben. Die Stühle müssen wegroll- und kippsicher sein. Sitzflächen und Rückenlehnen sollen höhenverstellbar sein. Sie erkundigt sich nach Mengenrabatten bei einer Abnahme von 80 Stück. Außerdem bittet Sie um Angabe der Liefer- und Zahlungsbedingungen. Für das Angebot bedankt sie sich im Voraus.

EURO-Computer AG

10 cm vom linken Rand

Mitarbeiterin:	Sabine Gerhard
Abteilung:	Verwaltung
Telefon:	040 34622-238
Telefax:	040 34622-240
E-Mail:	gerhard@eurocomputer-wvd.com
Internet:	www.eurocomputer-wvd.com
Datum:	20..-02-27

EURO-Computer AG, Postfach 4 58 02, 21902 Hamburg

Büromöbelfabrik
Dörfler & Söhne KG
Postfach 4 79 95
30159 Hannover

Anfrage nach Bürostühlen

Vor und nach dem Betreff bleiben zwei Leerzeilen. Ein Hervorheben durch Fettschrift und/oder Farbe ist sinnvoll.

Guten Tag, sehr geehrte Damen und Herren,

Ihrer Anzeige in der Fachzeitschrift „Das moderne Büro" entnahmen wir, dass Sie Bürostühle liefern. Wir sind ein mittelständisches Unternehmen der Computerbranche und wollen für unsere Verwaltung neue Bürostühle beschaffen, die den neuesten ergonomischen Anforderungen entsprechen.

Sicher können Sie uns ein günstiges

Angebot über 80 Bürostühle

unterbreiten.

Das Untergestell der Stühle soll fünf Rollen haben. Die Stühle müssen wegroll- und kippsicher sein. Um die optimale Sitzhaltung einstellen zu können, sollen die Sitzflächen und Rückenlehnen in der Höhe verstellbar sein.

Wie lang ist Ihre Lieferzeit? Welche Zahlungsmodalitäten gelten? Gewähren Sie bei einer Abnahme von 80 Bürostühlen auch einen Mengenrabatt?

Für Ihr Angebot danken wir Ihnen im Voraus.

Freundliche Grüße

EURO-Computer AG

i. A.

Sabine Gerhard

Formatierung
Links: 2,5 cm
Rechts: 2 cm
Infoblock
Rechts: –1 cm

Geschäftsräume	Telefon	E-Mail	Hamburger Volksbank
Oldenburger Straße 35 – 37	040 34622-0	info@eurocomputer-wvd.com	IBAN: DE26 2019 0003 0006 4937 28
22527 Hamburg			BIC: GENODEF1HH2

Vorsitzender des Aufsichtsrates: Dr. Heinz Mai · Vorstand: Dr. Frank Weiß, Eva Neumann · Sitz der Gesellschaft Hamburg
Handelsregister B 23 945 beim Amtsgericht Hamburg

6.11 Geschäftsbriefe zum Selbstgestalten

Situation

Anfrage nach Computern

Als Sachbearbeiter(in)/-in des Baustoffgroßhandels Weber & Krause KG fragen Sie bei dem Unternehmen Bürosysteme Winkelmann & Co. OHG, Postfach 1 83 45, 90402 Nürnberg, an, ob Ihnen 10 Computer, Marke TARBA, geliefert werden können.

Stellen Sie Ihr Unternehmen kurz vor. Die Computer sollen mit einem Hochleistungsprozessor, einem Arbeitsspeicher von 16 GB und einer Festplatte von 2 TB ausgestattet sein. Als Drucker soll ein Laserdrucker als Zentraldrucker eingesetzt werden.

Bitten Sie das Unternehmen Bürosysteme Winkelmann & Co. um ein Angebot für 10 Computer. Erfragen Sie auch die Lieferzeit, den Liefertermin sowie die Liefer- und Zahlungsbedingungen.

Aufgabe

Zeichnen Sie die Absätze ein. Gestalten Sie den Brief normgerecht.

Empfängeranschrift:	Bürosysteme Winkelmann & Co. OHG Postfach 1 83 45, 90402 Nürnberg
Mitarbeiter(in)/-in:	(Ihren Vor- und Zunamen einsetzen)
Abteilung:	Verwaltung
Telefon:	0911 34533-26
Telefax:	0911 34533-20
E-Mail:	name@weber-krause-wvd.com
Internet:	www.weber-krause.com
Betreff:	Anfrage nach Computern
Anrede:	Guten Tag, sehr geehrte Damen und Herren,
Briefabschluss:	Baustoffgroßhandel Weber & Krause KG i. A. (Ihren Vor- und Zunamen einsetzen)

Buch +Web

In der Fachzeitschrift „Computermarkt" lasen wir Ihre Anzeige. Als Baustoffgroßhandel sind wir eines der führenden Unternehmen in unserer Stadt. In den letzten Jahren vergrößerten wir zweimal unsere Ausstellungsfläche. Nun wollen wir unsere Verwaltung völlig neu organisieren und auch moderne Computer einsetzen.

Dabei hatten wir an 10 Computer der Marke TARBA gedacht. Damit die Verarbeitungsgeschwindigkeit besonders hoch ist, sollen sie mit einem leistungsfähigen Prozessor ausgestattet sein. Der Arbeitsspeicher sollte mindestens 16 GB aufnehmen können. Die Speicherkapazität der Festplatte muss mindestens 2 TB betragen.

Als Zentraldrucker wollen wir einen Laserdrucker verwenden. Sicher können Sie uns ein günstiges Angebot über 10 Computer, Marke TARBA, unterbreiten. Informieren Sie uns auch über Ihre Liefer- und Zahlungsbedingungen. Wann können Sie uns beliefern? Für Ihr Angebot danken wir Ihnen schon heute.

Situation

Anfrage nach Aktenkoffern

Als Mitarbeiter/-in des Lederwarenfachgeschäftes Müller & Partner OHG haben Sie eine Anfrage nach Aktenkoffern an die Lederwarenfabrik Rhein-Main AG, Postfach 3 10, 63065 Offenbach, zu senden.

Die naturfarbenen Aktenkoffer sollen innen und außen aus Kunstleder hergestellt sein. Mehrere Organisationsfächer zur Unterteilung sind erwünscht. An den Schlössern soll es möglich sein, eine individuelle Zahlenkombination einzustellen.

Erfragen Sie die Preise bei einer Abnahme von 100 Stück. Erbitten Sie Informationen über die Liefer- und Zahlungsbedingungen.

6.12 Anlagenvermerk

Briefabschluss mit Anlagenvermerk

Der Prospekt informiert Sie über unsere Produktpalette.

Freundliche Grüße

Büroorganisation
Schulze & Lehmann OHG

i. A.

Jürgen Westermeyer

Anlagen
1 Angebot
1 Prospekt

■ Der Anlagenvermerk steht nach einer Leerzeile unter der maschinenschriftlichen Angabe des Unterzeichnenden. Unter dem Wort „Anlage(n)“, das durch Fettschrift hervorgehoben werden darf, können die Anlagen einzeln aufgeführt werden.

Verkürzter Anlagenvermerk

Bei der Anschaffung der Hard- und Software beraten wir Sie gern.

Freundliche Grüße

H & S Software

i. A.

Nicole Bergner

1 Anlage

■ Wenn die Anlagen im Text genannt sind, werden sie im Anlagenvermerk nicht mehr genannt.

Anlagenvermerk bei Platzmangel

Bitte informieren Sie uns noch im Laufe der kommenden Woche.

Freundliche Grüße

Baumaschinen
Conen & Söhne OHG

i. A.

Eva Münchenhagen

10 cm
Anlagen
1 Prospekt
1 Zeichnung

■ Bei Platzmangel wird der Anlagenvermerk in Höhe des Grußes (10 cm vom linken Rand) geschrieben.

Situation

Als Sachbearbeiter/-in der Großhandlung Wiemer & Stange KG haben Sie einen Geschäftsbrief zu schreiben. Dem Brief ist eine Druckschrift beizufügen. Gestalten Sie den Briefabschluss mit dem Anlagenvermerk.

6.13 Training – Das Angebot

Zeilensätze

Zeile		Anschläge
1	Ein Kaufvertrag wird durch Angebot und Annahme geschlossen.	64
2	Selbstverständlich sind die Angebote sorgfältig abzufassen.	62
3	Mit dem Angebot wird die Anfrage des Anbieters beantwortet.	64
4	Ziel des Angebots ist es, einen Kaufvertrag herbeizuführen.	63
5	In dem bindenden Angebot sind die Einzelheiten aufzuführen.	63
6	Dieses Angebot bezeichnet die Ware nach Güte, Qualität usw.	65
7	Ein wiederholtes Angebot erinnert den Anbieter noch einmal.	63
8	Die Einleitung des Angebotes soll den Empfänger ansprechen.	64
9	Das gilt ganz besonders für unverlangt abgegebene Angebote.	62
10	Sichern Sie zu, diese Aufträge sehr sorgfältig auszuführen.	62

Das Angebot

Zeile		Anschläge
11	Möchte ein Kaufmann eine bestimmte Ware beziehen, so fragt	62
12	er bei einem Lieferer an und bittet ihn um ein Angebot. In	124
13	dem Angebot fordert der Anbieter den Anfragenden zum Kauf	86
14	einer genau bezeichneten Ware auf. Für das Angebot gibt es	248
15	keine bestimmte Form. Es kann mündlich unterbreitet werden.	310
16	Eine Anfrage beantwortet der Anbieter mit einem schriftli-	370
17	chen Angebot. Gegenüber dem stillschweigenden oder mündli-	429
18	chen Angebot ist das schriftliche Angebot vorzuziehen. Das	491
19	Angebot ist sorgfältig abzufassen, denn durch das Angebot	551
20	und die Annahme des Angebotes entsteht so der Kaufvertrag.	613
21	Die Angebote können nach ihrer kaufmännischen und rechtli-	672
22	chen Wirkung unterschieden werden. Dem verlangten Angebot	733
23	geht eine Anfrage voraus. Mit dem wiederholten Angebot er-	793
24	innert der Anbieter noch einmal an sein früheres Angebot.	853
25	Werbebriefe werden als unverlangte Angebote bezeichnet.	913
26	In einem bindenden Angebot sind Art der Ware, Güte, Menge,	978
27	Qualität und die Liefer- und Zahlungsbedingungen aufzufüh-	1039
28	ren. Das unverbindliche Angebot enthält gegenüber dem bin-	1098
29	denden Angebot bestimmte Einschränkungen, während das be-	1156
30	fristete Angebot eine bestimmte Gültigkeitsdauer aufführt.	1215

Situation

Die Büromöbelfabrik Dörfler & Söhne KG bietet Bürostühle an

Verena Hartmann ist Sachbearbeiterin bei der Büromöbelfabrik Dörfler & Söhne KG. Sie hat die Anfrage der EURO-Computer AG, Postfach 4 58 02, 21902 Hamburg, zu bearbeiten.

Frau Hartmann bedankt sich für das Interesse. Sie bietet den Bürostuhl Marke KOMFORT, Farbe Anthrazit, zum Preis von 246,00 EUR an. Der Stuhl mit einem Untergestell aus fünf Rollen soll weder wegrollen noch wegkippen. Die Sitzfläche ist gepolstert. Dem Wunsch des Anfragenden entsprechend sollen Sitzflächen und Rückenlehnen verstellbar sein.

Die Lieferung soll frei Haus erfolgen. Innerhalb von 30 Tagen ist die Rechnung zu begleichen. Bei Zahlung innerhalb 8 Tagen gewährt Frau Hartmann 2 % Skonto. Bei einer Abnahme von 60 Stück wird ein Mengenrabatt von 10 % eingeräumt.

BÜROMÖBELFABRIK DÖRFLER & SÖHNE KG

Mitarbeiterin: Verena Hartmann
Abteilung: Verkauf

Telefon: 0511 435-149
Telefax: 0511 435-150
E-Mail: hartmann@doerfler-wvd.de
Internet: www.doerfler-wvd.de

Datum: 20..-03-10

Dörfler & Söhne KG · Postfach 4 79 95 · 30159 Hannover

EURO-Computer AG
Frau Sabine Gerhard
Postfach 4 58 02
21902 Hamburg

Angebot über Bürostühle

Guten Tag Frau Gerhard,

Sie wünschen ein Angebot über Bürostühle. Für Ihr Interesse an unseren Produkten danken wir Ihnen.

Den Bürostuhl Marke KOMFORT, Farbe Anthrazit, bieten wir Ihnen zum Preis von **246,00 €** an. Der Stuhl mit einem Untergestell aus fünf Rollen kann weder wegrollen noch wegkippen. Die Sitzfläche ist gepolstert. Die Sitzfläche und die Rückenlehne lassen sich optimal dem Körper anpassen.

Die Ware liefern wir Ihnen mit unserem Lkw frei Haus. Begleichen Sie die Rechnung innerhalb 8 Tagen, gewähren wir Ihnen 2 % Skonto. Bestellen Sie 60 Stühle, räumen wir Ihnen einen Rabatt von 10 % ein.

Sagt Ihnen unser Angebot zu? Wenn Sie Fragen haben, beraten wir Sie gern.

Freundliche Grüße

Büromöbelfabrik
Dörfler & Söhne KG

i. A.

Verena Hartmann

Anlage
1 Prospekt

Geschäftsräume
Rendsburger Straße 58
30659 Hannover

Telefon
0511 435-0

E-Mail
info@doerfler-wvd.de

Sparkasse Hannover
IBAN: DE62 2505 0180 0003 39467 19
BIC: SPKHDE2HXXX

Persönlich haftender Gesellschafter: Frank Dörfler · Sitz der Gesellschaft: Hannover · Handelsregister A 54 539 beim Amtsgericht Hannover

6.15 Geschäftsbriefe zum Selbstgestalten

Situation

Angebot über Computer

Als Sachbearbeiter/-in des Unternehmens Bürosysteme Winkelmann & Co. OHG unterbreiten Sie dem Baustoffgroßhandel Weber & Krause KG, Postfach 4 78, 83033 Rosenheim, auf die Anfrage ein Angebot.

Sie beschreiben den Computer: Prozessor mit einer Taktfrequenz von 4,4 GHz, Arbeitsspeicher von 16 GB und einer Festplatte von 2 TB. Der Farbbildschirm ist höhenverstellbar und schwenkbar. Der Einzelpreis beträgt 859,00 €. Bei einer Abnahme von 10 Stück ist ein Rabatt von 10 % möglich. Die Computer können innerhalb von 10 Tagen geliefert werden. Bei Zahlung innerhalb 8 Tagen können 2 % Skonto abgezogen werden. Dem Angebot fügen Sie einen Prospekt bei.

Aufgabe

Gestalten Sie den Brief normgerecht. Heben Sie wichtige Textstellen hervor.

Empfängeranschrift:	Baustoffgroßhandel Weber & Krause KG Postfach 4 78, 83022 Rosenheim
Mitarbeiter/-in:	(Ihren Vor- und Zunamen einsetzen)
Abteilung:	Verkauf
Telefon:	0911 67376-26
Telefax:	0911 67376-30
E-Mail:	name@winkelmann-ohg-wvd.com
Internet:	www.winkelmann-ohg-wvd.com
Betreff:	Angebot über Computer
Anrede:	Guten Tag, sehr geehrte Damen und Herren,
Briefabschluss:	Winkelmann & Co. OHG i. A. (Ihren Vor- und Zunamen einsetzen)

Buch +Web

Sie wünschen ein Angebot über Computer. Für Sie haben wir den richtigen PC. Den Computer mit einem Hochleistungsprozessor von 4,4 GHz, einem Arbeitsspeicher von 16 GB und einer Festplatte von 2 TB bieten wir Ihnen für 859,00 € an.

Unser 24-Zoll-Bildschirm ist höhenverstellbar und schwenkbar. Über technische Details informiert Sie der Prospekt. Sie erhalten die Computer in der gewünschten Lieferzeit. Begleichen Sie die Rechnung innerhalb 8 Tagen, können Sie 2 % Skonto vom Rechnungsbetrag abziehen.

Bei einer Abnahme von 10 Stück gewähren wir Ihnen einen Rabatt von 10 %. Haben Sie noch Fragen? Dann beraten wir Sie gern. Sie dürfen sicher sein, dass wir Sie sorgfältig und pünktlich innerhalb von 10 Tagen beliefern.

Situation

Angebot von Tintenstrahlendruckern

Als Sachbearbeiter/-in des Organisationshauses Schöne & Berger OHG beantworten Sie eine Anfrage des Baustoffgroßhandels Weber & Krause KG, Postfach 4 78, 83022 Rosenheim, nach Tintenstrahldruckern.

Sie bieten dem Baustoffgroßhandel Weber & Krause KG 10 Tintenstrahldrucker, Marke Desktop 150, zum Preis von 175,00 € je Stück an. Sie fügen dem Angebot Prospekte bei. Die Drucker sind sofort lieferbar. Gewähren Sie bei Zahlung innerhalb von 8 Tagen 2 % Skonto.

73970

6.16 Verteilvermerk

Briefabschluss mit Verteilvermerk

Unser Außendienstmitarbeiter, Herr Hans Wiemer, bespricht die Einzelheiten gern mit Ihnen.

Freundliche Grüße

Papierfabriken
Schulze & Co. OHG

i. A.

Silke Steinbrink

Verteiler
Herrn Hans Wiemer

■ Die Regeln des Anlagenvermerks gelten auch für den Verteilvermerk. Dieser steht nach einer Leerzeile (zweimal ↵) unter der maschinenschriftlichen Angabe des Unterzeichners. Er darf durch Fettschrift hervorgehoben werden. Treffen Anlagen- und Verteilvermerk zusammen, wird der Verteilvermerk nach einer Leerzeile unter den Anlagenvermerk gesetzt.

Verteilvermerk bei Platzmangel

Ihre Überweisung erwarten wir in der kommenden Woche.

Freundliche Grüße

Bauunternehmung
Brinker & Söhne KG

i. A.

Thomas Bauer

10 cm

Anlage
1 Kontoauszug

Verteiler
Herrn Heinz Brinker

■ Der Verteilvermerk steht eine Leerzeile unter dem Anlagenvermerk. Neben dem Gruß beginnt der Verteilvermerk 10 cm vom linken Rand. Treffen Anlagen- und Verteilvermerk zusammen, ist der Anlagenvermerk zuerst aufzuführen.

Situation

Als Sachbearbeiter/-in der Unternehmensberatung Schröder & Klotz OHG haben Sie einen Geschäftsbrief zu schreiben. Der Unternehmensberater Herr Sven Holzmann soll eine Kopie des Schreibens erhalten. Gestalten Sie den Briefabschluss mit dem Verteilvermerk.

Situation

Die EURO-Computer AG bestellt Bürostühle

Sabine Gerhard prüfte als Sachbearbeiterin der EURO-Computer AG das Angebot der Büromöbelfabrik Dörfler & Söhne KG, Postfach 4 79 95, 30159 Hannover, über Bürostühle. Das Angebot entspricht ihren Vorstellungen.

Sie bestellt 60 Bürostühle, Marke KOMFORT, Farbe Anthrazit, zum Preis von 246,00 EUR abzüglich 10 % Rabatt. Die Lieferung soll bis zum 30. März d. J. bei der EURO-Computer AG eintreffen. Sie bittet um Nachricht, falls die Büromöbelfabrik nicht rechtzeitig liefern kann.

Mit den Liefer- und Zahlungsbedingungen ist sie einverstanden.

EURO-
Computer AG

10 cm vom linken Rand

Mitarbeiterin:	Sabine Gerhard
Abteilung:	Verwaltung
Telefon:	040 34622-238
Telefax:	040 34622-240
E-Mail:	gerhard@eurocomputer-wvd.com
Internet:	www.eurocomputer-wvd.com
Datum:	20..-03-18

EURO-Computer AG, Postfach 4 58 02, 21902 Hamburg
Büromöbelfabrik
Dörfler & Söhne KG
Frau Verena Hartmann
Postfach 4 79 95
30159 Hannover

Bestellung von Bürostühlen

Guten Tag Frau Hartmann,

besten Dank für Ihr Angebot über Bürostühle, das uns sehr zusagt. Mit Ihren Liefer- und Zahlungsbedingungen sind wir einverstanden.

Bitte senden Sie uns

60 Bürostühle, Marke KOMFORT, Farbe Anthrazit,
Preis 246,00 EUR, abzüglich 10 % Rabatt.

Beliefern Sie uns bis zum 30. März d. J. Wenn Sie nicht rechtzeitig liefern können, informieren Sie uns bitte.

Freundliche Grüße

EURO-Computer AG

i. A.

Sabine Gerhard

Verteiler
Vorstand

Geschäftsräume
Oldenburger Straße 35 – 37
22527 Hamburg

Telefon
040 34622-0

E-Mail
info@eurocomputer-wvd.com

Hamburger Volksbank
IBAN: DE26 2019 0003 0006 4937 28
BIC: GENODEF1HH2

Vorsitzender des Aufsichtsrates: Dr. Heinz Mai · Vorstand: Dr. Frank Weiß, Eva Neumann · Sitz der Gesellschaft Hamburg
Handelsregister B 23 945 beim Amtsgericht Hamburg

73970

6.18 Geschäftsbriefe zum Selbstgestalten

Situation

Bestellung von Computern

Als Sachbearbeiter/-in des Baustoffgroßhandels Weber & Krause KG haben Sie das Angebot der Bürosysteme Winkelmann & Co. OHG, Postfach 1 83 45, 90459 Nürnberg, über Computer geprüft. Das Angebot sagt Ihnen zu.

Sie bestellen 10 Computer zum Preis von 859,00 EUR je Stück mit einem Mikroprozessor (Taktfrequenz 4,4 GHz) und einem Arbeitsspeicher von 16 GB. Die Festplatte soll eine Speicherkapazität von 2 TB haben. Der Farbbildschirm soll höhenverstellbar und schwenkbar sein. Die Lieferung soll innerhalb 10 Tagen erfolgen. Mit den Zahlungsbedingungen sind Sie einverstanden.

Aufgabe

Gestalten Sie die Briefe normgerecht. Heben Sie wichtige Textstellen hervor.

Empfängeranschrift:	Bürosysteme Winkelmann & Co. OHG Postfach 1 83 45, 90459 Nürnberg
Mitarbeiter/-in:	(Ihren Vor- und Zunamen einsetzen)
Abteilung:	Verwaltung
Telefon:	0911 34533-26
Telefax:	0911 34533-20
E-Mail:	name@weber-krause-wvd.com
Internet:	www.weber-krause-wvd.com
Betreff:	Bestellung von Computern
Anrede:	Guten Tag, sehr geehrte Damen und Herren,
Briefabschluss:	Baustoffgroßhandel Weber & Krause KG i. A. (Ihren Vor- und Zunamen einsetzen)

Ihr Angebot entspricht unseren Vorstellungen. Wir bestellen 10 Computer mit einem Mikroprozessor (Taktfrequenz 4,4 GHz), einem Arbeitsspeicher von 16 GB, einer Festplatte von 2 TB zum Preis von 859,00 EUR je Stück. Der Bildschirm soll höhenverstellbar und schwenkbar sein.

Ihre Liefer- und Zahlungsbedingungen sagen uns zu. Beliefern Sie uns innerhalb 10 Tagen. Informieren Sie uns bitte, wenn Sie den Liefertermin nicht einhalten können.

Buch +Web

Die Büromöbelfabrik Dörfler & Söhne lieferte die bestellten Bürostühle nicht.

Empfängeranschrift:	Büromöbelfabrik Dörfler & Söhne KG Postfach 4 79 95, 30159 Hannover
Mitarbeiter/-in:	Sabine Gerhard
Abteilung:	Verwaltung
Telefon:	040 34622-238
Telefax:	040 34622-240
E-Mail:	gerhard@eurocomputer-wvd.com
Internet:	www.eurocomputer-wvd.com
Betreff:	Unsere Bestellung von Bürostühlen
Anrede:	Guten Tag, sehr geehrte Damen und Herren,
Briefabschluss:	EURO-Computer AG i. A. Sabine Gerhard

Auf Ihr Angebot bestellten wir 60 Bürostühle, Marke KOMFORT. Als Liefertermin wünschten wir den 30. März d. J. Inzwischen ist eine Woche vergangen. Die Lieferung traf aber noch nicht bei uns ein. In unserer Bestellung baten wir Sie ausdrücklich darum, uns zu informieren, wenn Sie nicht rechtzeitig liefern können.

Sie erhalten eine Nachfrist bis zum 20. April d. J. Sollten Sie auch diesen Liefertermin nicht einhalten, werden wir wegen der verspäteten Lieferung Schadenersatz von Ihnen beanspruchen. Dazu werden Sie es aber bestimmt nicht kommen lassen.

Buch +Web

6.19 Training – Die Gewährleistung

Zeilensätze

Anschläge

Der Verkäufer muss Ware liefern, die keine Mängel aufweist. 64
Trifft die Ware verdorben ein, so liegt ein Sachmangel vor. 63
Fehlen ihr bestimmte Eigenschaften, ist das ein Sachmangel. 63
Wurde die falsche Ware geliefert, liegt ein Sachmangel vor. 63
Der Käufer hat die Waren auf ihre Beschaffenheit zu prüfen. 64

Aus einer Mängelrüge kann der Käufer Rechte geltend machen. 64
Der Käufer kann vom Lieferer eine neue Lieferung verlangen. 64
In bestimmten Fällen kann Schadenersatz beansprucht werden. 63
Oft gewähren Lieferer bei minderer Qualität Preisnachlässe. 64
Der Käufer macht Vorschläge, wie der Mangel zu beheben ist. 64

Die Gewährleistung

Der Verkäufer ist verpflichtet, Waren frei von jeglichen 62
Sachmängeln zu liefern. Der Käufer hat die gelieferte Ware 125
unverzüglich auf ihre Beschaffenheit zu prüfen. Es können 185
verschiedene Mängel auftreten. Ist die gelieferte Ware be- 245
schädigt oder auch verdorben, so liegt ein Sachmangel vor. 307

Fehlen der Ware zugesicherte Eigenschaften oder eignet sie 369
sich nicht für die vorgesehene Verwendung, handelt es sich 429
ebenfalls um Sachmängel. Wurde die falsche Ware geliefert, 491
entspricht dieser Mangel einem Sachmangel. Das gilt auch, 552
wenn der Verkäufer zu viel oder zu wenig Ware lieferte. 610

Der Käufer kann als Nacherfüllung die Beseitigung des Man- 673
gels oder die Lieferung einer mangelfreien Ware verlangen. 734
Nach Ablauf dieser Frist der Nacherfüllung kann der Käufer 798
vom Kaufvertrag zurücktreten. Nach Ablauf einer Frist kann 861
der Käufer aber auch Gewährleistungsrechte geltend machen. 922

Er kann dann einen Preisnachlass fordern. Bei Mängeln, die 985
der Verkäufer verursacht hat, kann der Käufer anstelle der 1046
Nacherfüllung auch Schadenersatz beanspruchen, sofern ihm 1106
ein nachweisbarer Schaden entstanden ist. Den Mangel muss 1167
der Käufer dem Lieferer so genau wie möglich beschreiben. 1227

Situation

Die EURO-Computer AG beanstandet die gelieferten Bürostühle

Als Sachbearbeiterin der Verwaltung der EURO-Computer AG beanstandet Sabine Gerhard 10 Bürostühle, die von der Büromöbelfabrik Dörfler & Söhne KG, Postfach 4 79 95, 30159 Hannover, geliefert wurden. Die Sitzflächen und Rückenlehnen der 60 Bürostühle lassen sich gut verstellen. Leider weisen die Sitzflächen von 10 Bürostühlen grobe Webfehler auf. Frau Gerhard verlangt, dass so schnell wie möglich als Ersatz 10 einwandfreie Bürostühle geliefert werden.

6.20 Geschäftsbrief: Gewährleistung

EURO-
Computer AG

10 cm vom linken Rand

Mitarbeiterin:	Sabine Gerhard
Abteilung:	Verwaltung
Telefon:	040 34622-238
Telefax:	040 34622-240
E-Mail:	gerhard@eurocomputer-wvd.com
Internet:	www.eurocomputer-wvd.com
Datum:	20..-04-11

EURO-Computer AG, Postfach 4 58 02, 21902 Hamburg
Büromöbelfabrik
Dörfler & Söhne KG
Postfach 4 79 95
30159 Hannover

Lieferung von Bürostühlen

Guten Tag, sehr geehrte Damen und Herren,

Ihre Lieferung traf am 10. April d. J. bei uns ein. Alle 60 Bürostühle prüften wir auf ihren einwandfreien Zustand.

Die Sitzflächen der Stühle und die Rückenlehnen lassen sich gut verstellen. Leider entdeckten wir an den Sitzflächen von 10 Bürostühlen grobe Webfehler.

Sie werden verstehen, dass wir diese Bürostühle nicht behalten möchten. Liefern Sie bitte so schnell wie möglich als Ersatz 10 einwandfreie Stühle.

Sicher sind Sie mit unserem Vorschlag einverstanden.

Freundliche Grüße

EURO-Computer AG

i. A.

Sabine Gerhard

Verteiler
Vorstand

Geschäftsräume
Oldenburger Straße 35 – 37
22527 Hamburg

E-Mail
info@eurocomputer-wvd.com

Hamburger Volksbank
IBAN: DE26 2019 0003 0006 4937 28
BIC: GENODEF1HH2

Vorsitzender des Aufsichtsrates: Dr. Heinz Mai · Vorstand: Dr. Frank Weiß, Eva Neumann · Sitz der Gesellschaft Hamburg
Handelsregister B 23 945 beim Amtsgericht Hamburg

6.21 Geschäftsbriefe zum Selbstgestalten

Situation

Beanstandung einer Computerlieferung

Als Sachbearbeiter/-in des Baustoffgroßhandels Weber & Krause KG haben Sie die Lieferung von Computern zu beanstanden. Die Bürosysteme Winkelmann & Co. OHG, Postfach 1 83 45, 90459 Nürnberg, lieferten 10 Computer.

Die Prozessoren der Computer haben nur eine Taktfrequenz von 2 GHz, obwohl Sie 4,4 GHz wünschten. Verlangen Sie einen schnellen Umtausch der Computer, weil die alten Computer bereits ausgesondert wurden. Kündigen Sie Schadenersatzansprüche an, falls das Unternehmen Winkelmann & Co. die Computer nicht liefern kann.

Aufgabe

Überlegen Sie die Bildung der Absätze. Gestalten Sie den Brief normgerecht. Heben Sie wichtige Textstellen hervor.

Empfängeranschrift:	Bürosysteme Winkelmann & Co. OHG Postfach 1 83 45, 90459 Nürnberg
Mitarbeiter/-in:	(Ihren Vor- und Zunamen einsetzen)
Abteilung:	Verwaltung
Telefon:	0911 34533-26
Telefax:	0911 34533-20
E-Mail:	name@weber-krause-wvd.com
Internet:	www.weber-krause-wvd.com
Betreff:	Beanstandung einer Computerlieferung
Anrede:	Guten Tag, sehr geehrte Damen und Herren,
Briefabschluss:	Baustoffgroßhandel Weber & Krause KG i. A. (Ihren Vor- und Zunamen einsetzen)

Buch +Web

```
Sie lieferten uns am 28. d. M. die bestellten 10 Computer. Als
wir die Computer prüften, stellten wir fest, dass sie sehr lang-
sam arbeiten. Die Taktfrequenz beträgt nur 2 GHz, obwohl wir
4,4 GHz wünschten. Sie können sich denken, dass wir die Computer
nicht behalten möchten, weil wir uns gerade für die leistungs-
fähigeren Prozessoren entschieden hatten.

Bitte tauschen Sie die Computer so schnell wie möglich um, denn
die alten Computer haben wir bereits ausgesondert. Sollten Sie
unserem Wunsche nicht entsprechen, behalten wir uns vor, Schaden-
ersatz zu verlangen. Bestimmt werden Sie aber versuchen, uns
sofort die bestellten Computer zu liefern.
```

Situation

Beanstandung einer Lieferung von Tintenstrahldruckern

Als Sachbearbeiter/-in des Baustoffgroßhandels Weber & Krause KG beanstanden Sie die Lieferung von 10 Tintenstrahldruckern. Das Organisationshaus Schöne & Berger OHG, Postfach 24 11 67, 80634 München, hatte Ihnen nicht die bestellten Tintenstrahldrucker der Marke Desktop 150, sondern die Marke Desktop 140 geliefert.

Sie sind bereit, die Drucker zu behalten, wenn Ihnen ein Preisnachlass von 15 % eingeräumt wird.

73970

6.22 Variable Textstellen

- An variablen Textstellen ist für den Cursorsprung zum Haltestopp – ähnlich wie beim Erstellen der Masken – der Befehl **Strg**+**F9** einzugeben. Auf dem Bildschirm erscheint für die Halteposition das Zeichen { }.
- Um die Haltestopps für das Einfügen der variablen Textstelle zu erreichen, ist die Funktionstaste **F11** zu bedienen.

Aufgaben

Buch +Web

a) *Erfassen Sie den Text. Geben Sie die Befehle für die Haltepositionen ein.*
b) *Speichern Sie den Text unter dem Dateinamen* **Variable**.
c) *Steuern Sie die Haltepositionen an. Fügen Sie die Variablen ein:*
① Damen und Herren, ② = 4 ③ = 7 ④ = 4
d) *Speichern Sie den Text unter dem Dateinamen* **Lieferung** *erneut.*
e) *Drucken Sie den Text aus.*

Sehr geehrte ①

für Ihre Bestellung danken wir Ihnen sehr. Leider können wir die bestellte Maschine zurzeit nicht liefern. Unser Hauptwerk hat Lieferrückstände von ② Wochen.

Als Ersatz bieten wir Ihnen die Maschine Nr. ③ an. Informieren Sie uns, ob wir Ihnen dieses Gerät zusenden sollen. Wenn Sie nicht antworten, geht Ihnen die bestellte Maschine in spätestens ④ Wochen zu.

Freundliche Grüße

Aufgaben

Buch +Web

a) *Erfassen Sie den Text. Geben Sie die Befehle für die Haltepositionen ein.*
b) *Speichern Sie den Text unter dem Dateinamen* **Vorführung**.
c) *Fügen Sie die variablen Textstellen ein:*
① = Weber, ② = Möller ③ = 15. März d. J. ④ = Eva Schreiber
d) *Speichern Sie unter dem Dateinamen* **Vorführung1** *erneut.*
e) *Drucken Sie den Text aus.*

Geräte für den Haushalt

Guten Tag Herr ①

besten Dank für Ihr Interesse an unseren Haushaltsgeräten. Wir sind gern bereit, Ihnen unsere Küchenmaschinen vorzuführen.

Unsere Mitarbeiterin, Frau ②, wird Sie am ③ besuchen, um Sie eingehend zu beraten. Dabei wird sie Ihnen unsere neuen Geräte zeigen.

Freundliche Grüße

Küchenmaschinen AG

i. A.

④

6.23 Training – Der Zahlungsverzug

Zeilensätze

Zeile		Anschläge
1	Oft begleichen die Kunden die Rechnungen nicht rechtzeitig.	63
2	Der säumige Kunde ist an seine Zahlungspflicht zu erinnern.	63
3	Jede Mahnung erfordert psychologisches Einfühlungsvermögen.	63
4	Die erste Mahnung soll nur an die fällige Zahlung erinnern.	63
5	Der Lieferer setzt dem Kunden auch eine neue Zahlungsfrist.	64
6	Eine zweite Mahnung ist in einem schärferen Ton abzufassen.	63
7	In der dritten Mahnung wird dann eine letzte Frist gesetzt.	63
8	Alle bisherigen Mahnungen sollten besonders erwähnt werden.	62
9	Der Lieferer sollte Verzugszinsen und Mahnkosten verlangen.	64
10	Sie können auch ein gerichtliches Mahnverfahren beantragen.	63

Zahlungsverzug

11	Der Lieferer muss darauf achten, dass seine Forderungen be-	61
12	glichen werden. War bei Vertragsabschluss ein Zahlungstermin	122
13	oder eine Zahlungsfrist festgelegt, gerät der Schuldner nach	186
14	Ablauf des Termins oder der Frist in Verzug. Ist nichts ver-	249
15	einbart worden, gerät er 30 Tage nach Fälligkeit in Verzug.	312
16	Der Lieferer setzt dem Kunden in dem Mahnschreiben eine an-	374
17	gemessene Nachfrist. Das erste Mahnschreiben soll freundlich	435
18	abgefasst werden. Es erinnert den Kunden an die Zahlung und	498
19	erwähnt den Fälligkeitstag. Einer Zahlungserinnerung werden	561
20	oft Broschüren, Prospekte und neue Informationen beigefügt.	624
21	Es empfiehlt sich, das zweite Mahnschreiben in einem schär-	684
22	feren Ton zu formulieren. Der Lieferer sollte auf den ver-	744
23	strichenen Zahlungstermin hinweisen und eine neue Zahlungs-	804
24	frist setzen. In dem Mahnschreiben sollte angekündigt wer-	863
25	den, auch Verzugszinsen und die Mahnkosten zu beanspruchen.	924
26	In der dritten Mahnung wird eine letzte Frist gesetzt. Auf	987
27	die bisherigen Mahnungen sollte noch einmal verwiesen wer-	1045
28	den. Der Lieferer droht ein gerichtliches Mahnverfahren für	1108
29	den Fall an, dass der Schuldner auch diese Frist nicht ein-	1169
30	hält. Der Lieferer kann dann einen Mahnbescheid beantragen.	1232

Situation

Das Organisationshaus Schöne & Berger OHG erinnert an die Zahlung

Als Sachbearbeiterin des Organisationshauses Schöne & Berger OHG erinnert Sabine Langenbach an den Ausgleich der Rechnung Nr. 875. Das Unternehmen lieferte dem Baustoffgroßhandel Weber & Krause KG, Postfach 4 78, 83022 Rosenheim, 10 Tintenstrahldrucker, Marke Desktop 150. Der Betrag der Rechnung Nr. 875 vom 15. Mai d. J. über 2.750,00 EUR ist bisher noch nicht beglichen. Auf die Zahlungserinnerung vom 15. Juni d. J. reagierte das Unternehmen nicht.

Frau Langenbach fordert den Baustoffgroßhandel Weber & Krause KG auf, den Rechnungsbetrag bis zum 15. Juli d. J. zu überweisen. Sie erwähnt auch die Zahlungsverpflichtungen ihres Unternehmens und kündigt an, vom Fälligkeitstag an Verzugszinsen zu berechnen.

Für das Mahnschreiben nutzt Frau Langenbach einen gespeicherten Standardbrief. Für die variablen Textstellen füllt sie einen Schreibauftrag aus.

Buch +Web

ORGANISATIONSHAUS
Schöne & Berger OHG

10 cm vom linken Rand
Mitarbeiterin: { }
Abteilung: { }

Schöne & Berger OHG, Postfach 24 11 67, 80634 München
{ }
{ }
{ }
{ }
{ }

Telefon: 089 34622-{ }
Telefax: 089 34622-{ }
E-Mail: { }@schoene-berger-wvd.com
Internet: www.schoene-berger-wvd.com

Datum: { }

Ausgleich unserer Rechnung

Sehr geehrte { }

sicher haben Sie nur vergessen, unsere Rechnung Nr. { } zu begleichen. Wir können es aber kaum glauben, nachdem wir Sie schon einmal darum gebeten haben. Welchen Grund haben Sie also, die Zahlung zu verweigern?

Bitte überweisen Sie den Betrag von { } bis zum

{ }

Sie können sich vorstellen, dass wir unseren Zahlungsverpflichtungen ebenfalls pünktlich nachkommen müssen. Darum sind wir auf den pünktlichen Eingang unserer Außenstände angewiesen.

Sollten Sie den Zahlungstermin nicht einhalten, berechnen wir Ihnen vom Fälligkeitstag an Verzugszinsen. Diese zusätzlichen Kosten können Sie aber vermeiden, wenn Sie die fällige Summe jetzt überweisen.

Freundliche Grüße

ORGANISATIONSHAUS
Schöne & Berger OHG

i. A.

Sabine Langenbach

Anlage
1 Überweisungsvordruck

Geschäftsräume
Lechfeldstraße 26 – 28
80689 München

Telefon
089 34622-0

E-Mail
info@schoene-berger-wvd.com

Stadtsparkasse München
IBAN: DE71 7015 0000 0004 3947 29
BIC: SSKMDEMMXXX

Persönlich haftende Gesellschafter: Sven Schöne · Mark Berger · Sitz der Gesellschaft: München · Handelsregister A 6395 beim Amtsgericht München

6.25 Schreibaufträge

In den Schreibauftrag sind nur die variablen Textstellen einzusetzen, die nicht im Standardbrief enthalten sind.

Dateiname: **Weber**

Anschrift:		Mitarbeiter/-in:	Sabine Langenbach
Baustoffgroßhandel		Abteilung:	Rechnungswesen
Weber & Krause KG		Telefon:	089 34622-24
Postfach 4 78		Telefax:	089 34622-30
83022 Rosenheim		E-Mail:	Langenbach @schoene-berger-wvd.com
		Internet:	www.schoene-berger-wvd.com
		Datum:	20..-06-29

Nr.	Einfügungen
1	Damen und Herren,
2	875
3	2.750,00 EUR
4	15. Juli d. J.

Dateiname: **Breuner**

Anschrift:		Mitarbeiter/-in:	Sabine Langenbach
Herrn		Abteilung:	Rechnungswesen
Dr. Gerhard Breuner		Telefon:	089 34622-24
Frankfurter Straße 20		Telefax:	089 34622-30
40595 Düsseldorf		E-Mail:	Langenbach @schoene-berger-wvd.com
		Internet:	www.schoene-berger-wvd.com
		Datum:	20..-10-29

Nr.	Einfügungen
1	r Herr Dr. Breuner,
2	538
3	1.263,70 EUR
4	15. Juni d. J.

73970

6.26 Layout – Kopf- und Fußzeilen

Layout

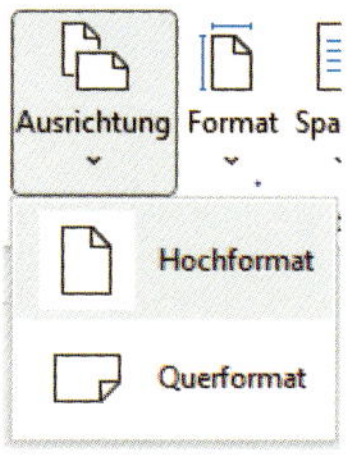

- In dem Register **Layout** der Gruppe **Seite einrichten** verändern Sie das Seitenformat, indem Sie die Funktion **Ausrichtung** anklicken. Jetzt stellen Sie das Hoch- oder Querformat ein.
- Wenn Sie eine andere Formatgröße festlegen wollen, klicken Sie in dem Register **Layout** der Gruppe **Seite einrichten** die Funktion **Format** an. Hier wählen Sie die gewünschte Formatgröße aus.

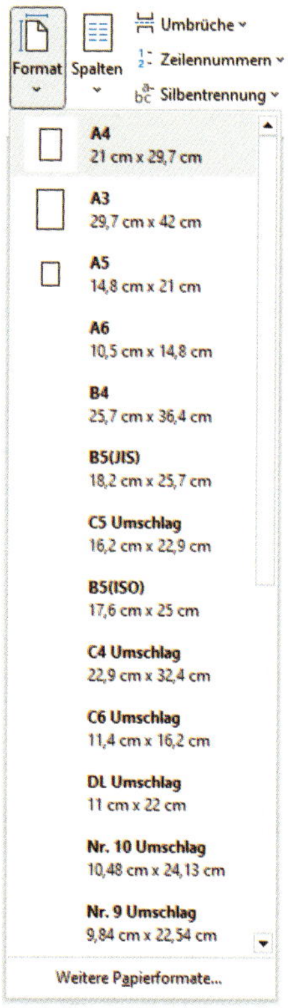

Arbeitsablauf

Layout – Ausrichtung – Hoch- oder Querformat anklicken

Layout – Format – Format anklicken

Kopfzeile

- Um Kopf- oder Fußzeilen einfügen zu können, rufen Sie in dem Register **Einfügen** der Gruppe **Kopf- und Fußzeile** die **Kopfzeile** auf. Sie haben die Möglichkeit, ein Muster für die Kopfzeile auszuwählen oder die **Kopfzeile zu bearbeiten**. Entscheiden Sie sich für **Kopfzeile bearbeiten**, erscheint die Kopfzeile auf dem Bildschirm.
- Gleichzeitig mit der Kopfzeile erscheint das Kontextregister **Kopf- und Fußzeile**. Hier können Sie die Seitenzahlen oder Kalenderdaten mit Uhrzeiten einfügen. Zu diesem Zweck klicken Sie das gewünschte Symbol an.

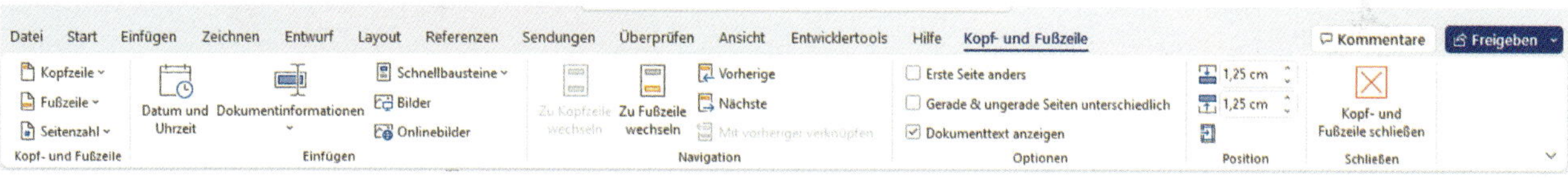

- Nach DIN 5008 können Sie am Seitenende die Seitennummerierung mit „Seite ... von ...“ eingeben.

Fußzeile

- Um zur Fußzeile zu wechseln, klicken Sie an **Zu Fußzeile wechseln**. Die Fußzeile eignet sich beispielsweise zur Aufnahme eines Werbeslogans.

Arbeitsablauf

Einfügen – Kopf- oder Fußzeile – Kopfzeile bearbeiten – Schriftart und Schriftgröße einstellen – Kopfzeilentext eingeben –

Seitenzahlen anklicken – Zu Fußzeile wechseln – Schriftart und Schriftgröße einstellen

Fußzeilentext eingeben – Schließen

Büromöbelfabrik Westfalia AG

Aufgabe

Erstellen Sie eine Fußzeile nach diesem Muster:

Geschäftsräume Zinnstraße 25 – 27 33649 Bielefeld	E-Mail info@fahrraeder-tw-wvd.de	Internet www.fahrraeder-tw-wvd.de	Sparkasse Bielefeld IBAN: DE39 4805 0161 0049 5673 34 BIC: SPBIDE3BXXX

Büromöbelfabrik Westfalia AG

10 cm vom linken Rand

Mitarbeiterin:	Claudia Meyer
Abteilung:	Verkauf
Telefon:	0231 435-18
Telefax:	0231 435-20
E-Mail:	meyer@westfalia-wvd.com
Internet:	www.westfalia-wvd.com
Datum:	20..-06-28

Büromöbelfabrik Westfalia AG, Postfach 33 44 66, 44148 Dortmund

Papierfabrik
Lohmühle GmbH
Postfach 35 18 43
09117 Chemnitz

Die richtige Registratur für Sie

Guten Tag, sehr geehrte Damen und Herren,

bestimmt haben Sie schon einmal überlegt, ob Ihre Ablageform noch zeitgemäß ist und ob es nicht andere Möglichkeiten gibt, das Schriftgut übersichtlicher aufzubewahren. In unseren neuen Registraturschränken und Schreibtischen lässt sich Ihre Ablage gut geordnet unterbringen.

Das **Ablagesystem „Peru“** können Sie für die hängende Ablage in lateraler oder vertikaler Anordnung verwenden. Dieser Registraturschrank zeichnet sich durch seine multifunktionale Verwendung besonders aus.

Für die laterale Ablage bietet sich der **Beistellschrank „Solid“** an. Dieser Schrank eignet sich als laterale Hängeablage. Hier sind die Schriftgutbehälter seitlich nebeneinander auf einer Schiene angebracht. Dieses System kostet bei uns nur

4.128,00 EUR.

Organisationsschreibtische der Marken **„Ökonom“** und **„Ratio“** erleichtern Ihnen die Ablage in den Schreibtischen. Diese Ablageform ist eine sinnvolle Ergänzung zur Arbeitsplatzregistratur. Diese Schreibtische können Sie sehr günstig beziehen. Bei der Frage nach der zweckmäßigsten Ablage sollten Sie auch den Raumbedarf bedenken.

Die Schreibtische mit integriertem Profilrohr lassen sich stufenlos in der Höhe von 680 bis 800 mm verstellen. Beim Modell „Ratio“ ist dafür am Seitenteil des Schreibtisches eine Kurbel angebracht.

Seite 1 von 2

Geschäftsräume	Telefon	E-Mail	Sparkasse Dortmund
Behringstraße 255	0231 435-0	info@westfalia-wvd.com	IBAN: DE42 4405 0199 0005 4692 82
44225 Dortmund			BIC: DORTDE33XXX

Vorsitzender des Aufsichtsrates: Dr. Walter Vogel . Vorstand: Dr. Heinz Krause, Eva Schulze . Sitz der Gesellschaft Dortmund
Handelsregister B Nr. 22 345 beim Amtsgericht Dortmund

73970

Fortsetzungsblatt

Büromöbelfabrik Westfalia AG

Der Schreibtisch „Ökonom“ stellt Ihnen die gewünschte Arbeitshöhe durch Knopfdruck ein. Unter dem Schreibtisch befindet sich eine Kabelwanne. Links und rechts neben dem Schreibtisch sind Halterungen für das Computergehäuse und den Drucker angebracht.

Mehr über unsere Registraturschränke, Beistellschränke und Organisationsschreibtische sagt Ihnen unsere Broschüre.

Sprechen Sie mit unserem Mitarbeiter, Herrn Frankenheim. Er sagt Ihnen gern, welche Registraturschränke, Beistellschränke oder Organisationsschreibtische sich für Ihre Ablage am besten eignen. Vereinbaren Sie doch mit ihm einen Termin.

Freundliche Grüße

Büromöbelfabrik
Westfalia AG

i. A.

Claudia Meyer

Anlage
1 Broschüre

Verteiler
Herrn Max Frankenheim

Seite 2 von 2

- Der Teilbetreff ist eine stichwortartige Inhaltsangabe für folgende Briefteile. Er beginnt am linken Rand, endet mit einem Punkt und wird durch Fettschrift und/oder Farbe hervorgehoben. Folgende Textteile sind unmittelbar anzufügen.

Schreibtisch „Ratio“. Auch der Schreibtisch „Ratio" eignet sich für Ihre Zwecke. Er begünstigt eine flexible Arbeitshaltung und erfüllt die ergonomischen Anforderungen in besonderer Weise.

Schrankwände. Zeitlos und in edlen Fronten aus Birnbaum präsentieren sich unsere Schrankwände. Das repräsentative Ambiente unserer großzügigen Vitrinenschränke spricht für sich. Lassen Sie sich doch ein Angebot unterbreiten.

- Seiten eines Briefes sind von der zweiten Seite an fortlaufend zu nummerieren. Die Seitennummerierung „Seite ... von ...“ sollte vorzugsweise rechtsbündig in der Fußzeile stehen. Seitenkennung und Text werden durch mindestens eine Leerzeile getrennt.

Seitenumbruch

- Der Seitenumbruch geschieht grundsätzlich automatisch. Soll aber eine Seite vorzeitig beendet werden, ist Strg + ↵ einzugeben.

7 Schnellbausteine

- Textbausteine sind Textabschnitte, die sich in Briefen häufig wiederholen. Word bezeichnet die Textbausteine als Schnellbausteine. Sie sind — nach Sachgebieten geordnet — in einem Texthandbuch aufgeführt und mit Bausteinnamen versehen.
- Zur Erstellung eines Geschäftsbriefes füllen Sie einen Schreibauftrag aus. Dieser enthält die Bausteinnamen und die Informationen für die variablen Textstellen.

Erfassen und Speichern der Textbausteine

- Wollen Sie einen Textabschnitt als Textbaustein speichern, müssen Sie ihn zuvor erfassen und markieren. Sie rufen dann in dem Register **Einfügen** der Gruppe **Text** die **Schnellbausteine** auf. Sie klicken nun **Auswahl im Schnellbaustein-Katalog speichern** an, geben den Namen des Bausteins ein und wählen den Katalog sowie die Kategorie aus. Eine Beschreibung des Bausteins können Sie auch hinzufügen.

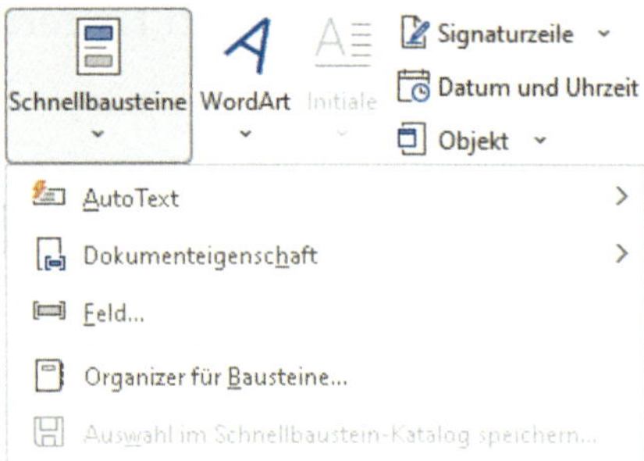

Arbeitsablauf

Einfügen — Schnellbausteine — AutoText — Auswahl im Schnellbaustein-Katalog speichern — Bausteinnamen eingeben — Katalog auswählen — Kategorie auswählen — evtl. Beschreibung des Bausteins eingeben — OK

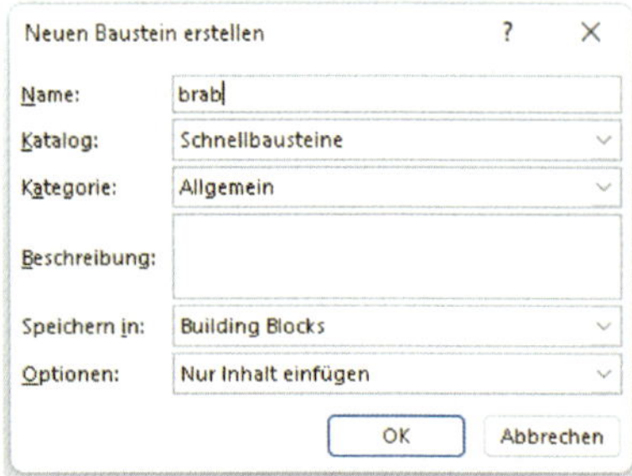

Laden der Textbausteine

- Textbausteine des Textverarbeitungsprogramms Word werden automatisch geladen.

Abrufen der Textbausteine

- Haben Sie den Textbaustein als AutoText gespeichert, bedienen Sie die Funktionstaste **F3**, um den Baustein abzurufen. Sie können aber auch unter **Einfügen** – **Schnellbausteine** – **Organizer für Bausteine** den Textbau-stein abrufen. Zu diesem Zweck wählen Sie den Namen des Bausteins aus und klicken **Einfügen** an.

Arbeitsablauf

Einfügen — Schnellbausteine — Organizer für Bausteine — Bausteinnamen anklicken — Einfügen

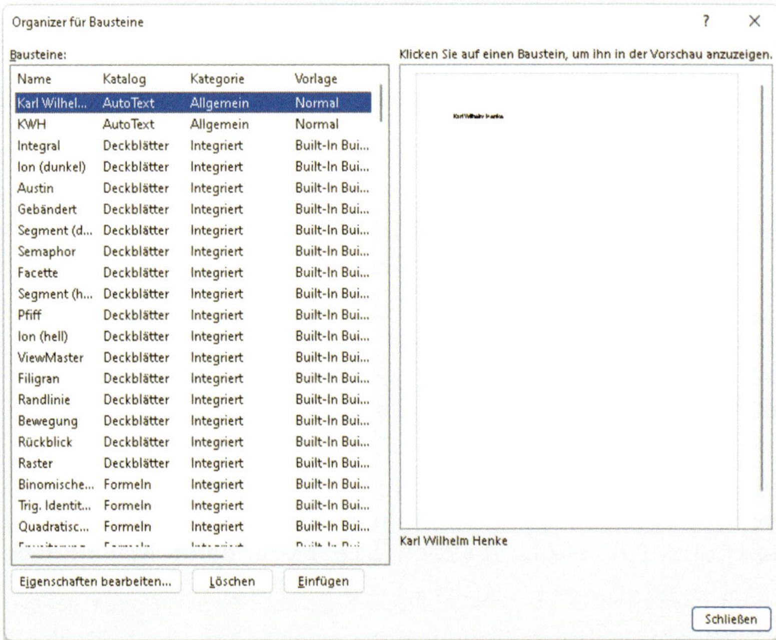

Löschen von Textbausteinen

- Zum Löschen des Textbausteins rufen Sie ebenfalls das Register **Einfügen** – **Schnellbausteine** – **Organizer für Bausteine** auf. Sie markieren den Namen des Bausteins und klicken **Löschen** an. Die Frage nach dem Löschen des Bausteins beantworten Sie mit **Ja.**

Arbeitsablauf

Einfügen — Schnellbausteine — Organizer für Bausteine — Bausteinnamen anklicken — Löschen — Ja

Aufgabe

In dem folgenden Handbuch sind Volltext, Bausteinnamen und Stichwörter aufgeführt. Erfassen Sie den Volltext der Textbausteine und speichern Sie diesen unter den angegebenen Bausteinnamen.

Textbausteine zum Sachgebiet „Bewerbung"

Buch +Web

Volltext	Name	Stichwort
Ihre Bewerbung	**b101**	Betreff
Sehr geehrte {}	**b102**	Anrede
für Ihre Bewerbung danken wir Ihnen sehr.	**b103**	Dank
Sie haben sich in unserem Unternehmen um eine Ausbildung als {} beworben. Für Ihr Interesse danken wir Ihnen.	**b104**	Bestätigung
Sie haben sich auf unsere Anzeige in {} beworben. Für Ihr Interesse danken wir Ihnen.	**b105**	Bewerbung auf Anzeige
besten Dank für Ihre Bewerbung. Leider sind die Ausbildungsplätze für den Ausbildungsberuf des {} schon besetzt, sodass wir Ihre Bewerbung nicht mehr berücksichtigen können.	**b106**	Verspätete Bewerbung als Auszubildender
besten Dank für Ihre Bewerbung. Leider ist die Stelle als {} schon vergeben, sodass wir Ihre Bewerbung nicht mehr berücksichtigen können.	**b107**	Verspätete Bewerbung
Sie werden verstehen, dass die sorgfältige Durchsicht aller Bewerbungsunterlagen eine längere Zeit beanspruchen wird. Sobald wir die Lebensläufe und Zeugnisse aller Bewerber innen und Bewerber geprüft haben, informieren wir Sie.	**b108**	Prüfung der Unterlagen
Als Bewerbungsunterlagen benötigen wir einen tabellarischen Lebenslauf, Fotokopien der letzten beiden Schulzeugnisse und ein Passfoto. Sollten Sie uns noch nicht alle Unterlagen übersandt haben, bitten wir Sie, dies umgehend nachzuholen.	**b109**	Anforderung fehlender Unterlagen
Bei den vielen Bewerbungen konnten wir Ihre Bewerbung nicht berücksichtigen. Bitte haben Sie Verständnis. Ihre Bewerbungsunterlagen erhalten Sie zurück.	**b110**	Ablehnung und Rücksendung der Unterlagen
Wir wünschen Ihnen, dass Sie recht bald einen Ausbildungsplatz finden, der Ihren Vorstellungen entspricht.	**b111**	Wünsche für weitere Ausbildungsplatzsuche
unter den vielen Bewerberinnen und Bewerbern für den Ausbildungsberuf des {} haben wir Ihre Bewerbung in die engere Wahl gezogen. Bevor wir eine endgültige Entscheidung treffen, möchten wir Sie auch persönlich kennenlernen.	**b112**	Engere Wahl für Auszubildende

Textbausteine zum Sachgebiet „Bewerbung“ (Fortsetzung)

Volltext	Name	Stichwort
unter den vielen Bewerberinnen und Bewerbern haben wir Ihre Bewerbung in die engere Wahl gezogen. Bevor wir eine endgültige Entscheidung treffen, möchten wir Sie auch persönlich kennenlernen.	b113	Engere Wahl
Zu einem Vorstellungsgespräch laden wir Sie für {} in unsere Hauptverwaltung ein. Dabei haben Sie Gelegenheit, sich über unser Unternehmen umfassend zu informieren.	b114	Vorstellungs-gespräch
Sie erhalten einen Personalbogen, den wir für unsere Unterlagen benötigen. Bitte füllen Sie diesen Vordruck aus und senden Sie ihn noch vor dem Vorstellungsgespräch zurück.	b115	Personalbogen
Freundliche Grüße Bavaria-Werke AG Personalabteilung i. A. {}	b116	Briefabschluss
Anlage 1 Personalbogen	b117	Anlage

Aufgabe

Führen Sie den Schreibauftrag aus.

Schreibauftrag

Anschrift

Herrn
Günter Schröder
Amperstraße 132
93059 Regensburg

Mitarbeiter/-in: *Alexander Berg*
Abteilung: *Personal*

Telefon: 0941 20100-*123*
Telefax: 0941 20100-*125*
E-Mail: *berg* @bavaria-werke-wvd.com
Internet: www.bavaria-werke-wvd.com

Datum: *20..-03-29*

Nr.	Einfügungen
b101	
b102	*r Herr Schröder,*
b104	*Industriekaufmann*
b108	
b109	
b116	*Alexander Berg*

Textbausteine zum Sachgebiet „Mahnungen“

Buch +Web

Volltext	Name	Stichwort
Rechnung Nr. {} vom {} fällig am {}	m301	Betreff
Zahlungserinnerung	m302	
Mahnung	m303	
Sehr geehrte Damen und Herren,	m304	Allgemeine Anrede
Sehr geehrte{}	m305	Persönliche Anrede
in der Hektik des Alltags haben wir alle schon einmal etwas vergessen. Sie haben leider übersehen, den Betrag unserer Rechnung zu überweisen.	m306	Zahlung übersehen
wie Ihr Konto zeigt, schulden Sie uns noch {} EUR.	m307	Kontostand
als wir die Zahlungseingänge prüften, stellten wir fest, dass Sie die Rechnung Nr. {}, fällig am {}, noch nicht beglichen haben.	m308	Überwachung der Zahlungseingänge
sicher haben Sie es nur vergessen, unsere Rechnung Nr. {} zu begleichen. Wir können es aber kaum glauben, nachdem wir Sie schon einmal darum gebeten haben.	m309	Zahlungserinnerung nicht beachtet
Unsere Schreiben vom {} und {} ließen Sie unbeantwortet. Die Rechnung haben Sie noch nicht bezahlt.	m310	Schreiben unbeantwortet
Sie können sich vorstellen, dass wir unseren Zahlungsverpflichtungen ebenfalls rechtzeitig nachkommen müssen. Darum sind wir auf den pünktlichen Eingang der Außenstände angewiesen.	m311	Hinweis auf eigene Zahlungsverpflichtungen
Von dem Rechnungsbetrag in Höhe von {} EUR haben Sie leider nur eine Summe von {} EUR überwiesen. Wir haben bisher nicht erfahren, warum Sie {} EUR von dem Rechnungsbetrag abgezogen haben. Die Sendung haben Sie auch nicht beanstandet.	m312	Teilzahlung vorgenommen
Sollte eine Beanstandung der Artikel vorliegen, informieren Sie uns bitte umgehend.	m313	Beanstandung der Lieferung?
Welchen Grund haben Sie also, die Zahlung zu verweigern? Informieren Sie uns bitte.	m314	Grund für die Zahlungsverweigerung?
Überweisen Sie den Betrag von {} EUR auf unser Konto bei der Sparkasse Darmstadt. Um Ihnen die Überweisung zu erleichtern, fügen wir noch einmal einen Überweisungsvordruck bei.	m315	Zahlungsaufforderung mit Überweisungsvordruck
Wenn Sie sich in Zahlungsschwierigkeiten befinden, sind wir damit einverstanden, dass Sie die Hälfte des fälligen Betrages bis zum {} und den Rest bis zum {} bezahlen.	m316	Zahlungsschwierigkeiten?
Sie werden verstehen, dass wir nicht länger auf den Eingang des Geldes warten können, und wir bitten Sie daher, den Betrag von {} EUR umgehend auf unser Konto bei der Sparkasse Darmstadt zu überweisen.	m317	Aufforderung zur umgehenden Zahlung
Nachdem Sie auch auf unsere zweite Zahlungserinnerung nicht reagiert haben, bitten wir Sie letztmalig, den Betrag unserer Rechnung Nr. {} vom {} in Höhe von {} EUR bis spätestens {} auf unser Konto bei der Sparkasse Darmstadt zu überweisen.	m318	Zahlungsaufforderung mit Zahlungsfrist

Volltext	Name	Stichwort
Da die Forderung in Höhe von {} EUR aus der Rechnung Nr. {} unstrittig ist, werden wir einen gerichtlichen Mahnbescheid gegen Sie beantragen, wenn Sie nicht bis zu dem Zahlungstermin den vollen Rechnungsbetrag überweisen. Sicher werden Sie aber gerichtliche Maßnahmen vermeiden.	m319	Androhung gerichtlicher Maßnahmen
Freundliche Grüße Bavaria-Werke AG i. A. {}	m320	Briefabschluss
Anlage 1 Überweisungsvordruck	m321	Anlage

Aufgaben

a) Löschen Sie die Textbausteine **m307** *und* **m309**.

b) Führen Sie den Schreibauftrag aus.

c) Speichern Sie unter dem Dateinamen **Winter**.

d) Drucken Sie den Brief aus.

Schreibauftrag

Anschrift:

Bürosysteme
Winter & Sohn OHG
Postfach 15 48 63
44148 Dortmund

Mitarbeiter/-in: Katja König
Abteilung: Rechnungswesen

Telefon: 0941 20100-132
Telefax: 0941 20100-135
E-Mail: koenig@bavaria-werke-wvd.com
Internet: www.bavaria-werke-wvd.com

Datum: 20..-08-17

Nr.	Einfügungen
m301	2678
	14. Juli 20..
	15. August 20..
m304	
m306	
m311	
m315	2.699,00
m320	Katja König
m321	

73970

8 Makros

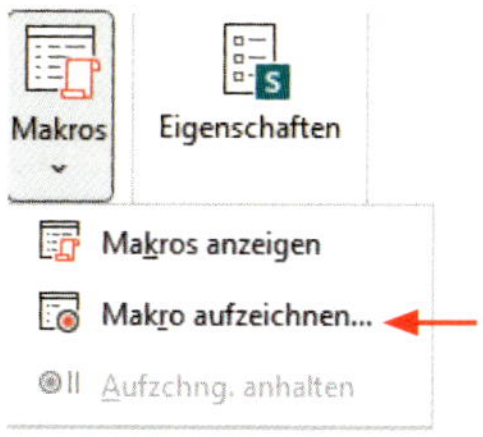

Zum Aufzeichnen von Makros klicken Sie im Register **Ansicht** in der Gruppe **Makros** den Pfeil unter **Makros** an. Nun aktivieren Sie die Schaltfläche **Makro aufzeichnen**. Wenn Sie Makros mit einem Kurzbefehl (Shortcut) abrufen wollen, klicken Sie **Tastatur** an. Danach wählen Sie die Tastenkombination (Shortcut) zum Abrufen des Makros. Sie klicken nun **Zuordnen** an. Nun geben Sie die Befehlsfolge ein, die Sie mit dem Kurzbefehl abrufen möchten.

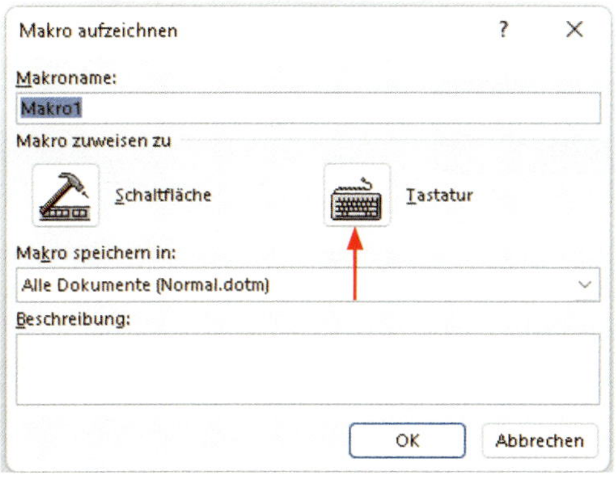

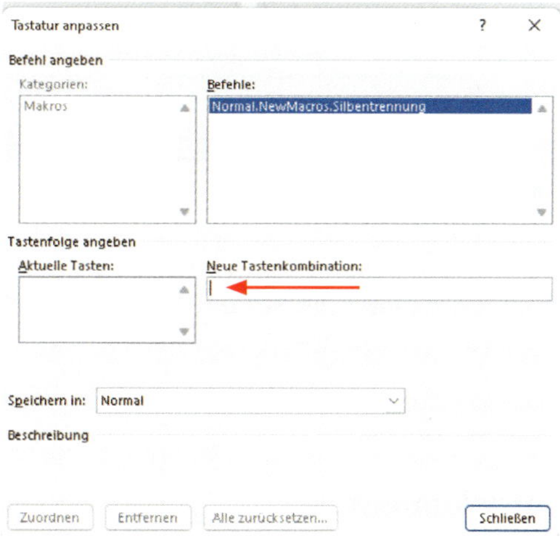

Arbeitsablauf

Ansicht — Makros — Makro aufzeichnen — Makronamen eingeben — Tastatur — Tastenkombination für Kurzbefehl (Shortcut) wählen — Zuordnen — Schließen — Befehlsfolge für Makro eingeben

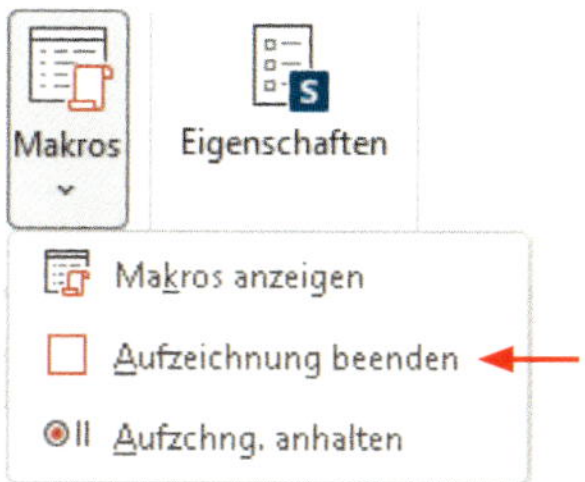

Aufzeichnung beenden

- Nachdem Sie die Befehlsfolge für das Makro eingegeben haben, klicken Sie in der Gruppe **Makros** im Register **Ansicht** die Funktion **Aufzeichnung beenden** an.

Arbeitsablauf

Ansicht — Makros — Aufzeichnung beenden

Makros löschen

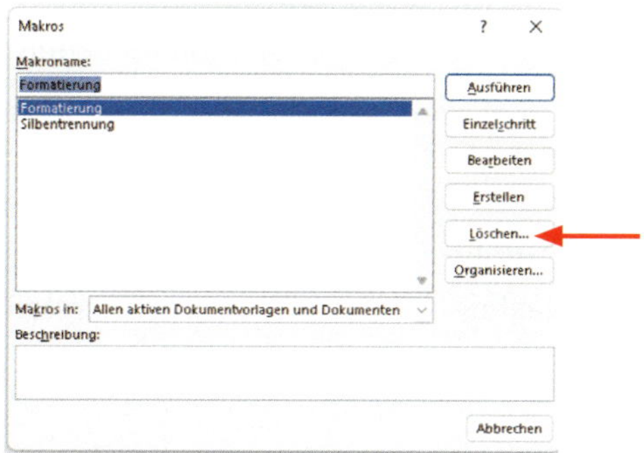

- Wollen Sie ein Makro löschen, klicken Sie im Register **Ansicht** die Funktion **Makros anzeigen** an. Sie wählen den Makronamen aus und klicken auf **Löschen**. Die Abfrage nach dem Löschen des Makros beantworten Sie mit **Ja**.

Arbeitsablauf

Ansicht — Makros — Makro anzeigen — Makronamen markieren — Löschen — Ja — Schließen

Aufgabe

Erstellen Sie ein Makro für die Worttrennung mit dieser Befehlsfolge:

Seitenlayout – Silbentrennung – Manuell – Trennvorschläge prüfen und mit „ja“ bestätigen – OK

Abrufen der Makros

- Mit dem Kurzbefehl (Shortcut), den Sie für das Makro eingegeben haben, rufen Sie das Makro ab.

9 Serienbriefe

- Für Serienbriefe sind eine Datenquelle und ein Seriendruck-Hauptdokument anzulegen. Die Datenquelle setzt sich aus verschiedenen Datensätzen zusammen. Der Steuersatz enthält die Feldnamen der Datenfelder. Das sind in einer Tabelle die Spaltenüberschriften. Die Einfügesätze bestehen aus den Datenfeldern. Das sind die variablen Textstellen, die in das Seriendruck-Hauptdokument einzufügen sind.

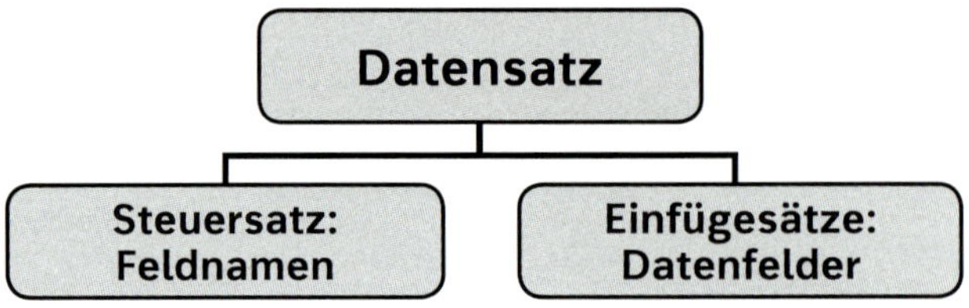

- In das Seriendruck-Hauptdokument werden die Feldnamen der Datenquelle eingefügt. Sind beide Dateien gespeichert, werden sie in einem besonderen Vorgang verbunden. Die Serienbriefe können in einer neuen Datei zusammengeführt werden oder direkt als Serienbriefe ausgedruckt werden.

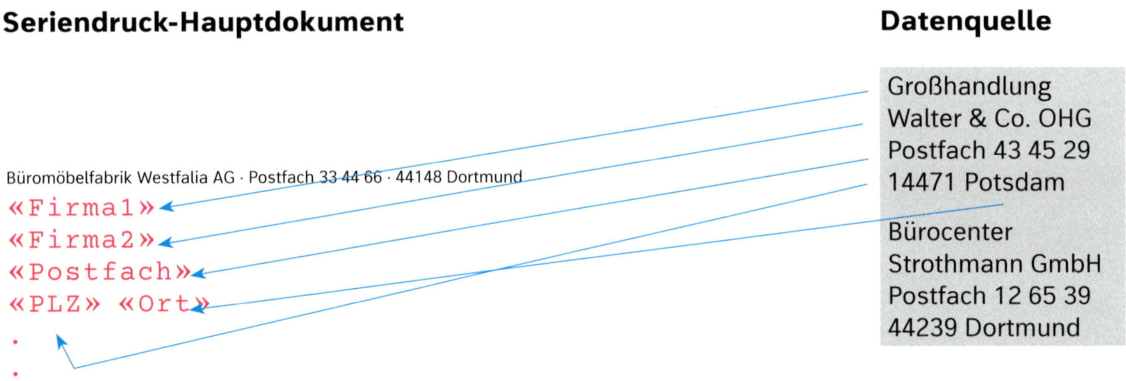

Erstellen einer Datenquelle

- Die Datenquelle erstellen Sie über das Register **Einfügen – Tabelle.** Nachdem Sie das Symbol **Tabelle** angeklickt haben, öffnet sich ein Fenster mit Kästchen.
- Sie klicken hier die Anzahl der gewünschten Spalten an. Es erscheint nun ein Gitternetz auf dem Bildschirm. Mit der 1. Spaltenüberschrift müssen Sie in der 1. Zeile beginnen, weil die Spaltenüberschriften sonst nicht als Feldnamen erkannt werden.
- Nachdem Sie die Datenquelle erstellt haben, speichern Sie diese.

Arbeitsablauf

Einfügen — Tabelle — Kästchen für die Anzahl der Spalten anklicken — Tabelle erfassen — Speichern

Seriendruck starten

- In dem Register **Sendungen** erstellen Sie Serienbriefe.

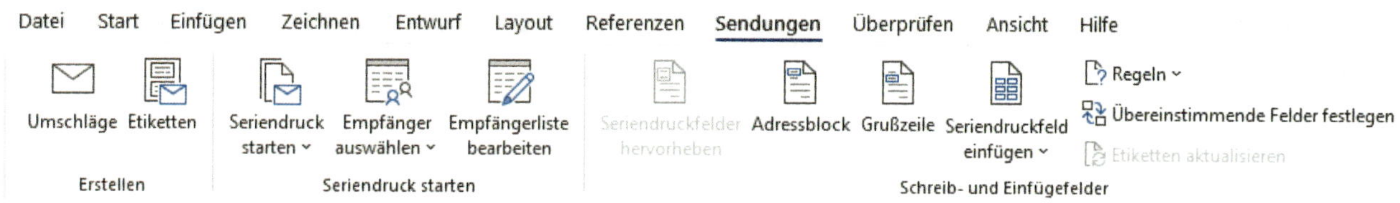

- Im dem Register **Sendungen** klicken Sie **Seriendruck starten** an. Es öffnet sich nun ein Auswahlfenster, in dem Sie **Briefe** anklicken.

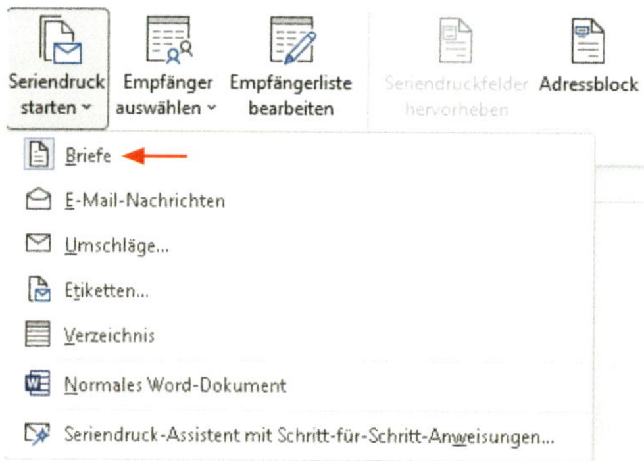

Datenquelle öffnen

- Um die Datenquelle zu öffnen, klicken Sie **Empfänger auswählen** an. Da Sie die Datenquelle als Tabelle bereits erstellt haben, wählen Sie **Vorhandene Liste verwenden.** Sie rufen nun Ihre Datenquelle auf.

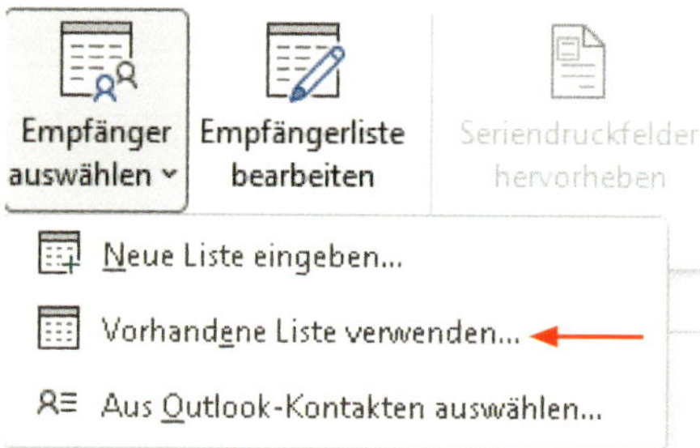

Arbeitsablauf

Sendungen — Seriendruck starten — Briefe — Empfänger auswählen — Vorhandene Liste verwenden — Ordner anklicken — Dateinamen auswählen — OK

Seriendruckfelder einfügen

- Ist die Datenquelle geöffnet, erfassen Sie das Seriendruck-Hauptdokument. Wollen Sie Seriendruckfelder in das Seriendruck-Hauptdokument einfügen, klicken Sie in der Gruppe **Schreib- und Einfügefelder** die Funktion **Seriendruckfeld einfügen** an.

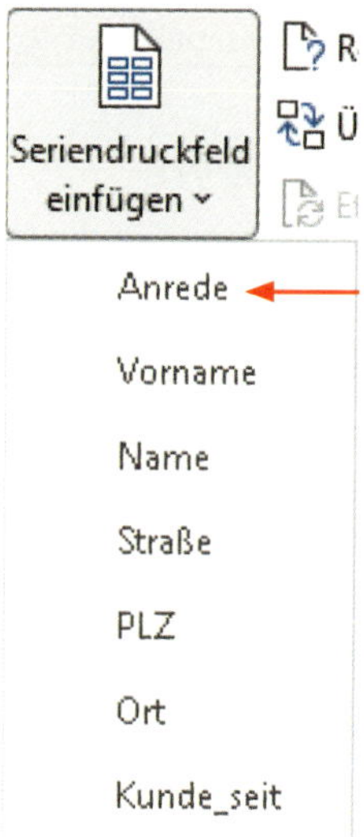

- Es erscheinen nun alle Seriendruckfelder. Sie klicken das gewünschte Seriendruckfeld an.

Arbeitsablauf

Sendungen — Seriendruckfeld einfügen — Feldnamen anklicken

Einfügen von Bedingungsfeldern

- Sollen bestimmte Angaben für die Empfänger des Serienbriefes unterschiedlich sein, fügen Sie Bedingungsfelder ein. Auf diese Weise reden Sie beispielsweise Männer und Frauen unterschiedlich an oder bieten bestimmten Gruppen von Empfängern unterschiedliche Artikel an.
- Zum Einfügen von Bedingungsfeldern klicken Sie im Register **Sendungen** der Gruppe **Schreib- und Einfügefelder** die Funktion **Regeln** an. Es öffnet sich ein Fenster, in dem Sie **Wenn … Dann … Sonst …** aktivieren. Nun wählen Sie den Feldnamen aus und geben ein Vergleichswort ein. Unter „Dann diesen Text einfügen" und unter „Sonst diesen Text einfügen" setzen Sie den gewünschten Text ein.

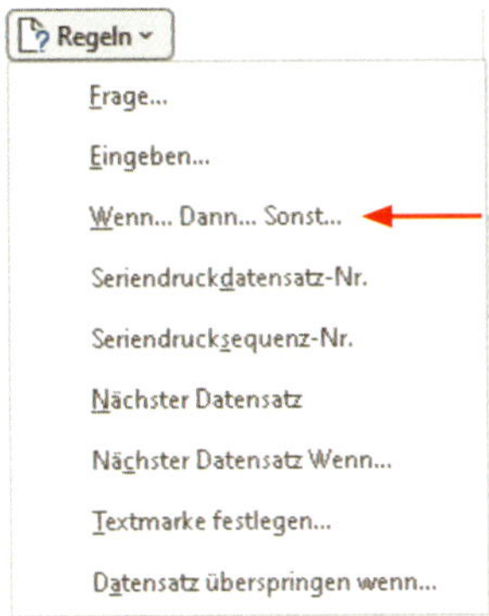

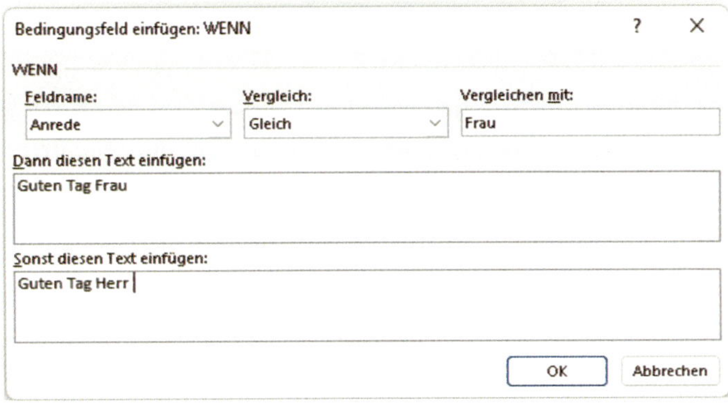

Arbeitsablauf

Sendungen — Regeln — Wenn ... Dann ... Sonst — Feldnamen wählen —

Text unter „Vergleichen mit" einsetzen — Text unter „Dann diesen Text einfügen" eingeben —

Text unter „Sonst diesen Text einfügen" eingeben — OK

Fertigstellen und zusammenführen

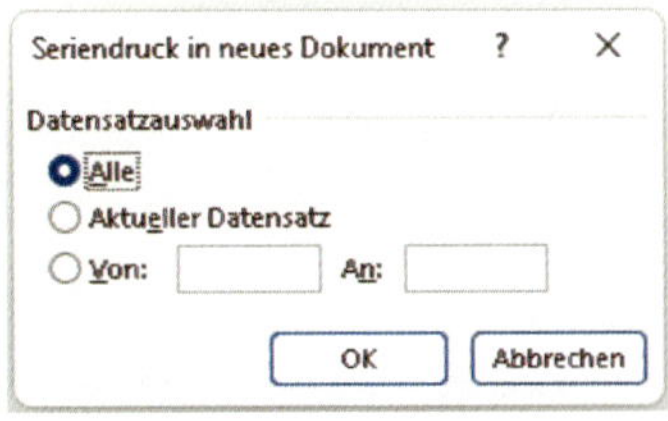

- Zum Erstellen des Serienbriefes müssen Sie die Datenquelle mit dem Seriendruck-Hauptdokument verbinden. Bei diesem Vorgang werden an den Stellen für die Seriendruckfelder in dem Seriendruck-Hauptdokument die Datenfelder aus der Datenquelle eingefügt. Bevor Sie den Befehl dazu eingeben, können Sie unter „Vorschau Ergebnisse" die einzelnen Briefe betrachten. Um die Dateien dann endgültig zu verbinden, wählen Sie im Register **Sendungen** die Funktion **Fertigstellen und zusammenführen** sowie **Einzelne Dokumente bearbeiten**. Dann erscheint ein Fenster auf dem Bildschirm, in dem Sie Datensätze auswählen können. Haben Sie die Datensätze ausgewählt, erscheinen die verbundenen Dateien als neue Datei „Serienbriefe" auf dem Bildschirm.

Arbeitsablauf

Sendungen — Fertigstellen und zusammenführen — Einzelne Dokumente bearbeiten —

Datensätze auswählen — OK

Aufgabe

Buch +Web

Erfassen Sie die Datenquelle und speichern Sie unter dem Dateinamen **Adresse**.

Firma1	Firma2	Postfach	PLZ	Ort
Großhandlung	Walter & Co. OHG	43 45 29	14471	Potsdam
Bürocenter	Strothmann GmbH	12 65 39	44239	Dortmund
Bürohaus	Westermann KG	79 39 21	53111	Bonn
Büroservice	Hans Fleischer GmbH	65 18 59	01219	Dresden
Schreibwaren	Gisela Walter OHG	54 38 79	44789	Bochum
Bürozentrum	Neumann & Co. KG	38 39 96	06126	Halle
Großhandlung	Groß & Söhne GmbH	54 82 98	59075	Hamm
Bürocenter	Dierks & Möller GmbH	38 32 78	18146	Rostock

Erfassen Sie das Seriendruck-Hauptdokument und speichern Sie unter dem Dateinamen **Messe**.

Büromöbelfabrik WESTFALIA AG

10 cm

Mitarbeiterin: Eva Schön
Abteilung: Marketing

Telefon: 0231 435-198
Telefax: 0231 435-198
E-Mail: schoen@westfalia-wvd.com
Internet: www.westfalia-wvd.com

Datum: 20..-02-25

Büromöbelfabrik Westfalia AG · Postfach 33 44 66 · 44148 Dortmund
«Firma1»
«Firma2»
Postfach «Postfach»
«PLZ» «Ort»

Büromöbelmesse in Hannover

Guten Tag, sehr geehrte Damen und Herren,

vom 20. März bis 27. März d. J. findet in Hannover die internationale Büromöbelmesse statt. Sie haben die Möglichkeit, sich umfassend über alle neuen Produkte zu informieren. Nutzen Sie also diese Gelegenheit!

Neben anderen Produkten präsentieren wir Ihnen unseren neuesten Bürostuhl

ERGONOM SPEZIAL.

Dieser ergonomisch hervorragend gestaltete Bürostuhl passt sich einmalig dem menschlichen Körper an. Die Sitzfläche und die geteilte Rückenlehne lassen sich optimal nach den Sitzbedürfnissen des Benutzers einstellen.

Überzeugen Sie sich von den Vorzügen des **ERGONOM SPEZIAL** auf unserem Messestand 275 in der Halle 3. Auf Ihr Urteil sind wir schon sehr gespannt.

Freundliche Grüße

Büromöbelfabrik
WESTFALIA AG

i. A.

Eva Schön

Geschäftsräume
Behringstraße 255
44225 Dortmund

Telefon
0231 435-0

E-Mail
info@westfalia-wvd.com

Sparkasse Dortmund
IBAN: DE42 4405 0199 0005 4692 82
BIC: DORTDE33XXX

Vorsitzender des Aufsichtsrates: Dr. Walter Vogel · Vorstand: Dr. Heinz Krause, Eva Schulze · Sitz der Gesellschaft Dortmund
Handelsregister B 9452 beim Amtsgericht Dortmund

Situation

Eva Schön hat als Sachbearbeiterin der Büromöbelfabrik Westfalia AG die Kunden in einem Serienbrief auf den neuen Bürostuhl ERGONOM SPEZIAL aufmerksam zu machen. Der Bürostuhl, der auf der Büromesse vom 20. bis 27. März d. J. in Hannover vorgestellt wurde, zeichnet sich durch seine einmalige Anpassungsform an den menschlichen Körper aus. Die Sitzfläche und die geteilte Rückenlehne dieses Stuhles lassen sich optimal den Sitzbedürfnissen des Benutzers anpassen.

Aufgabe

Erstellen Sie mit diesen Anschriften die Datenquelle. Speichern Sie unter dem Dateinamen **Privatkunden**.

Anrede	Vorname	Name	Straße	PLZ	Ort
Frau	Elke	Biermann	Lange Wand 15	59425	Unna
Herrn	Thomas	Freitag	Bahnstraße 7	44339	Dortmund
Frau	Tanja	Böhme	Weinbergstraße 28	53177	Bonn
Herrn	Heinz	Fischer	Borkumer Straße 39	30163	Hannover
Frau	Karin	Schlüter	Auf der Mühle 3	44309	Dortmund
Herrn	Jürgen	Möller	Buschgarten 38	44388	Dortmund
Frau	Silke	Schreiber	Marienstraße 29	44866	Bochum
Herrn	Erich	Berger	Mühlenweg 8	44809	Bochum
Frau	Stefanie	Hebel	Saarlandstraße 78	44866	Bochum

Erstellen Sie das Seriendruck-Hauptdokument und speichern Sie unter dem Dateinamen **Ergonom**.
Bilden Sie Absätze.

Empfängeranschrift:	<< Anrede >> << Vorname >> << Name >> << Straße >> << PLZ >> << Ort>>
Mitarbeiter/-in:	(Ihren Namen einsetzen)
Telefon:	0231 435-198
Datum:	heutiges Datum
Betreff:	Bürostuhl ERGONOM SPEZIAL
Briefabschluss:	Freundliche Grüße Büromöbelfabrik WESTFALIA AG i. A. (Ihren Vor- und Zunamen einsetzen)

Sehr geehrte <<Bedingungsfeld einfügen>>, auf der internationalen Büromöbelmesse vom 20. März bis 27. März d. J. in Hannover konnten sich die Besucher von den Vorzügen unseres neuesten Bürostuhles ERGONOM SPEZIAL überzeugen. Dieser ergonomisch hervorragend gestaltete Bürostuhl schmiegt sich in besonderer Weise dem Körper an. Individuell lassen sich die Höhe und Neigung der Sitzfläche verändern sowie die geteilte Rückenlehne optimal nach den Wünschen des Benutzers einstellen. Informieren Sie sich auch über die anderen Neuheiten auf dem Büromöbelmarkt. Nutzen Sie die Fachberatung unserer Mitarbeitenden. Auf Ihren Besuch freuen wir uns schon heute.

Bearbeiten der Datenquelle und Empfänger auswählen

- Bevor Sie die Datenquelle mit dem Seriendruck-Hauptdokument verbinden, können Sie die Datensätze noch bearbeiten oder die Empfänger nach verschiedenen Kriterien, z. B. nach dem Wohnort, auswählen. Diesen Vorgang bezeichnet man als „Filtern von Datensätzen". Zu diesem Zweck aktivieren Sie im Register **Sendungen** der Gruppe **Seriendruck starten** die Funktion **Empfängerliste bearbeiten.**

Empfängerliste bearbeiten

- Es öffnet sich ein Fenster zum Bearbeiten oder Auswählen der Datensätze. Sie klicken nun die Spaltenüberschrift zum Auswählen der Feldnamen an und klicken die gewünschten Felder an. Der Pfeil neben dem Feldnamen ist blau markiert. Die ausgewählten Datensätze stehen nun unter dem jeweiligen Feldnamen. Sollen für einen neuen Serienbrief alle Datensätze wieder erscheinen, klicken Sie den Pfeil neben dem Feldnamen an. Es ist auch möglich, in der ersten Spalte die Datensätze vollständig zu löschen oder hinzuzufügen.

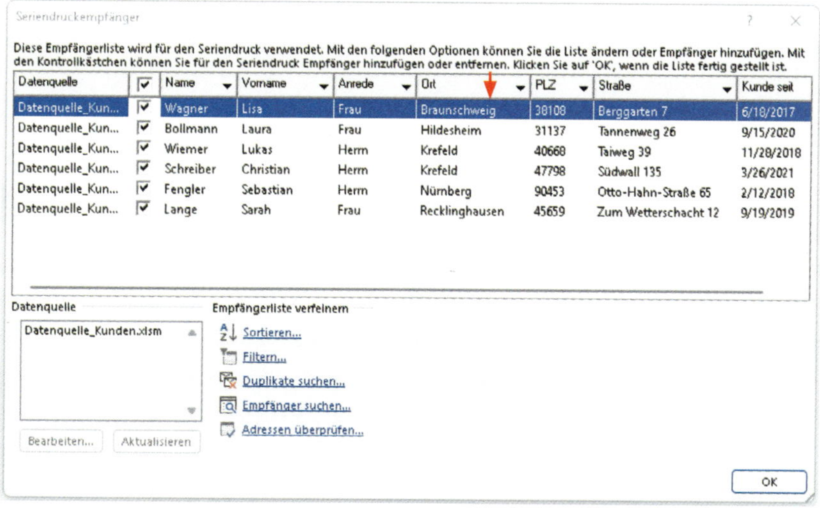

Arbeitsablauf

Sendungen — Empfängerliste bearbeiten —

Datensätze anklicken oder in der Spaltenüberschrift hinter dem Feldnamen den Pfeil anklicken —

Datenfelder auswählen — OK oder ↵

Situation

Als Mitarbeiter/-in der Bürosysteme Bergmann GmbH bieten Sie den Kunden ein leistungsstarkes Notebook an.

Das 35 mm flache und 2,4 kg schwere Notebook NT 2008 verfügt über einen Hochleistungsakku, einen DVD-Brenner und über einen 17-Zoll-Bildschirm. Der Arbeitsspeicher RAM hat eine Speicherkapazität von 8 GB. Die Festplatte kann Daten in einem Umfang von 1 TB aufnehmen. Über einen drahtlosen Netzwerkzugang kann der Nutzer jederzeit Informationen aus dem Internet abrufen und E-Mails empfangen. Über den hervorragenden Bildschirm können sogar Fernsehsendungen empfangen werden. Der Preis beträgt nur 598,00 €.

Aufgaben

a) *Informieren Sie die Kunden über das Angebot. Stellen Sie die besonderen Vorteile des Notebooks heraus.*

b) *Erstellen Sie die Datenquelle. Wählen Sie geeignete Feldnamen aus.*

Herrn Eckhard Löffler Distelweg 39 22339 Hamburg	Frau Monika Lütke Kieler Straße 23 24768 Rendsburg	Herrn Hans Meiners Lange Reihe 15 20099 Hamburg

c) *Speichern Sie die Datenquelle unter dem Dateinamen* ***Kunden2.***

d) *Speichern Sie das Seriendruck-Hauptdokument unter dem Dateinamen* ***Notebook.***

e) *Filtern Sie die Datensätze. Senden Sie die Briefe nur an Empfänger in* ***Hamburg.***

f) *Speichern Sie die zusammengeführte Datei unter dem Dateinamen* ***Serienbrief-Notebook.***

Buch +Web

10 Etikettendruck

Seriendruck starten

- In dem Register **Sendungen** klicken Sie **Seriendruck starten** an. Es öffnet sich nun ein Auswahlfenster, in dem Sie **Etiketten** anklicken. Es erscheint ein Fenster zum Auswählen des Etikettenherstellers und der Etikettennummer.

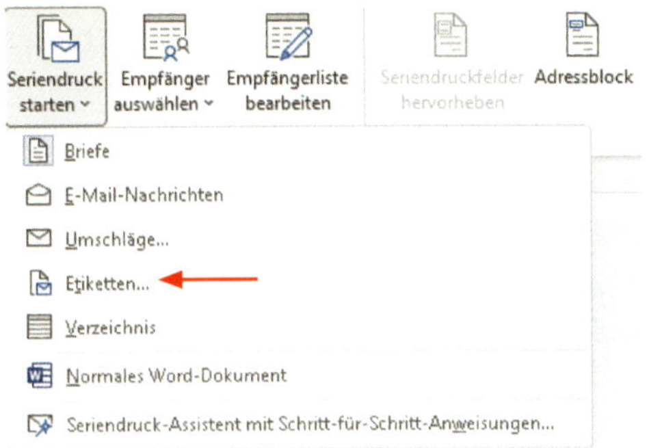

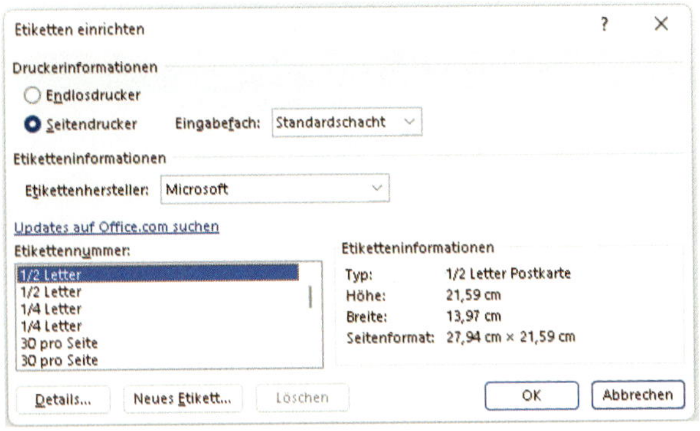

Datenquelle öffnen

- Um die Datenquelle zu öffnen, klicken Sie **Empfänger auswählen** an. Da Sie die Datenquelle als Tabelle bereits erstellt haben, wählen Sie **Vorhandene Liste verwenden.** Sie rufen nun Ihre Datenquelle auf.

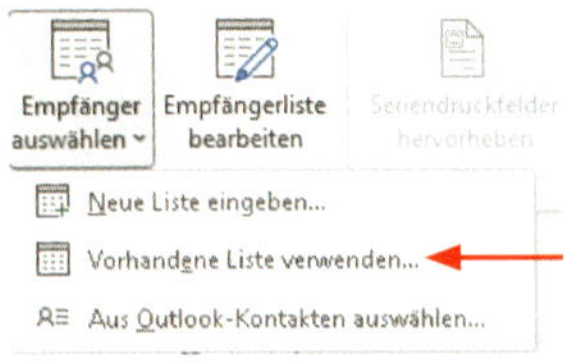

Seriendruckfelder einfügen

- Ist die Datenquelle geöffnet, fügen Sie in das Seriendruck-Hauptdokument die Seriendruckfelder ein. Dazu klicken Sie in der Gruppe **Schreib- und Einfügefelder** die Funktion **Seriendruckfeld einfügen** an.

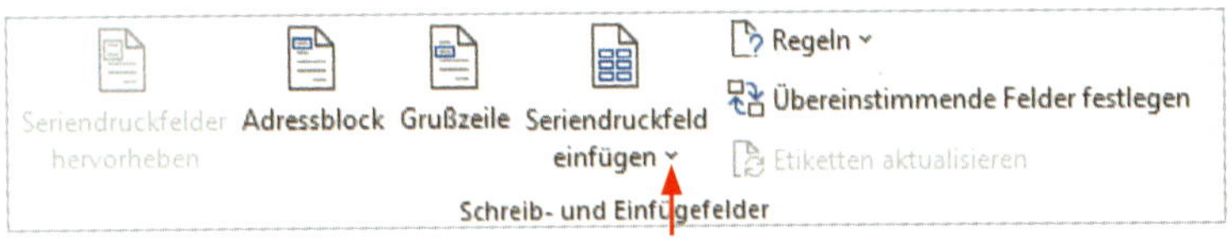

- Es erscheinen nun alle Seriendruckfelder untereinander. Sie klicken zunächst das gewünschte Seriendruckfeld an und danach **Etiketten aktualisieren.**

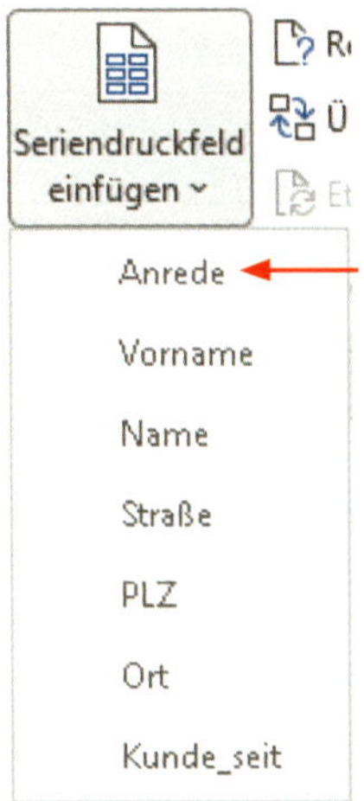

«Anrede»
«Vorname» «Name»
«Straße»
«PLZ» «Ort»

«Nächster Datensatz»
«Anrede»
«Vorname» «Name»
«Straße»
«PLZ» «Ort»

Fertigstellen und zusammenführen

- Zum Erstellen des Serienbriefes müssen Sie die Datenquelle mit dem Seriendruck-Hauptdokument, das die Seriendruckfelder enthält, verbinden. Zu diesem Zweck wählen Sie im Register **Sendungen** die Funktion **Fertigstellen und zusammenführen.** Dann erscheint ein Fenster auf dem Bildschirm, in dem Sie Datensätze auswählen können. Nach der Auswahl der Datensätze erscheinen die verbundenen Dateien als neue Datei „Serienbriefe" auf dem Bildschirm.

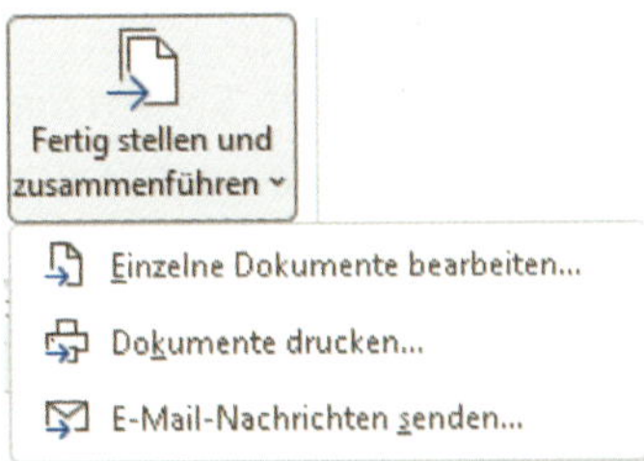

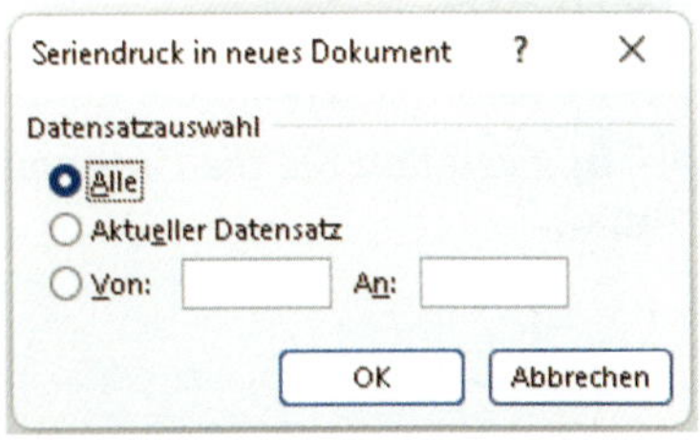

Arbeitsablauf

Sendungen — Seriendruck starten — Etiketten — Etikettenhersteller und Etikettennummer auswählen — Empfänger auswählen — Vorhandene Liste verwenden — Ordner anklicken — Dateinamen auswählen — OK

Sendungen — Seriendruckfeld einfügen — Feldnamen anklicken — Etiketten aktualisieren — Sendungen — Fertigstellen und zusammenführen — Einzelne Dokumente bearbeiten — Datensätze auswählen — OK

Aufgaben

a) Legen Sie eine Datenquelle mit diesen Feldnamen an:
Anrede – Beruf – Titel – Vorname – Name – Straße – PLZ – Ort

b) Speichern Sie unter dem Dateinamen Etikett.

Buch +Web

Frau Tanja Schulze Landwehr 23 46049 Oberhausen	Herrn Amtsrat Heinz Müller Grüner Weg 5 48167 Münster	Frau Gisela Schöne Dorstener Straße 3 44787 Bochum
Herrn Peter Hoffmann Gießener Straße 5 57074 Siegen	Frau Ärztin Dr. Eva Kleine Hamburger Straße 4 28205 Bremen	Herrn Kaufmann Hans Obermann Kölnstraße 23 53111 Bonn

Situation

Die Büromöbelfabrik Westfalia AG führt am Mittwoch, 15. August d. J., 15:30 Uhr, eine Informationsveranstaltung zum Thema „Ergonomie am Arbeitsplatz" durch. Die Veranstaltung soll im Schulungsraum 15 stattfinden. Referent ist Prof. Dr. Heinz Schulze, Technische Universität Aachen.

Als Sachbearbeiter/-in der Büromöbelfabrik Westfalia AG haben Sie die Aufgabe, ein Einladungsschreiben als Serienbrief zu erstellen, in dem Sie die ergonomischen Vorzüge von Bürostühlen und Organisationsschreibtischen herausstellen. Weisen Sie darauf hin, dass die Möbel den neuesten EU-Richtlinien entsprechen.

*Legen Sie dazu die Datenquelle **Etikett2** an.*

Buch +Web

Herrn Lehrer Günter Hartung Hans-Otto-Weg 15 01219 Dresden	Frau Dr. Eva Groß Berliner Straße 39 59075 Hamm	Herrn Werner Albers Braunschweiger Platz 5 30173 Hannover
Frau Ursula Dierks Mittelweg 125 18119 Rostock	Herrn Dr. Kurt Stahl Gerichtsstraße 10 44135 Dortmund	Frau Elke Petermann Lindenstraße 120 44289 Dortmund
Herrn Studienrat Dr. Hans Fleischer Holunderweg 15 01099 Dresden	Frau Eva Meinel Hamburger Allee 85 30161 Hannover	Frau Dr. Anja Neumann Leipziger Straße 42 06108 Halle

11 Umschläge und Etiketten

Beschriften von Umschlägen

- Zum Beschriften von Briefhüllen rufen Sie das Register **Sendungen** auf. Hier klicken Sie in der Gruppe **Erstellen** die Funktion **Umschläge** an. Es erscheint ein Fenster, in dem Sie zunächst die Empfängeranschrift und danach die Absenderanschrift einsetzen. Zum Auswählen des Formates aktivieren Sie **Optionen.** Hier stellen Sie auch die Schriftart ein. Damit die Beschriftung auf dem Bildschirm erscheint, klicken Sie die Schaltfläche **Zum Dokument hinzufügen** an. Absender- und Empfängeranschrift erscheinen nun auf dem Bildschirm.

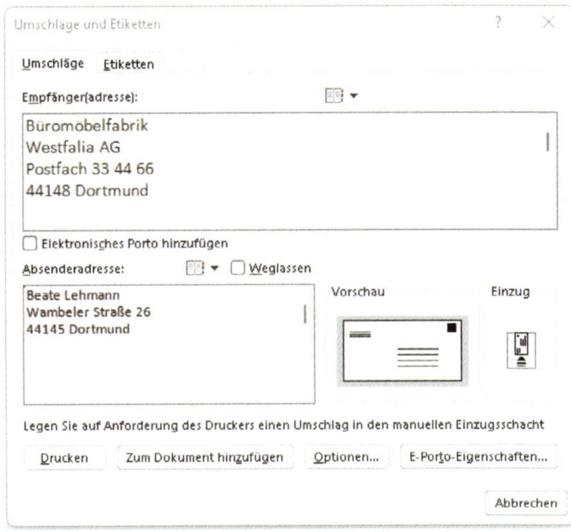

Arbeitsablauf

Sendungen — Umschläge — Empfängeranschrift eingeben — Absenderanschrift eingeben — Optionen — Umschlagformat wählen — Schriftart einstellen — OK

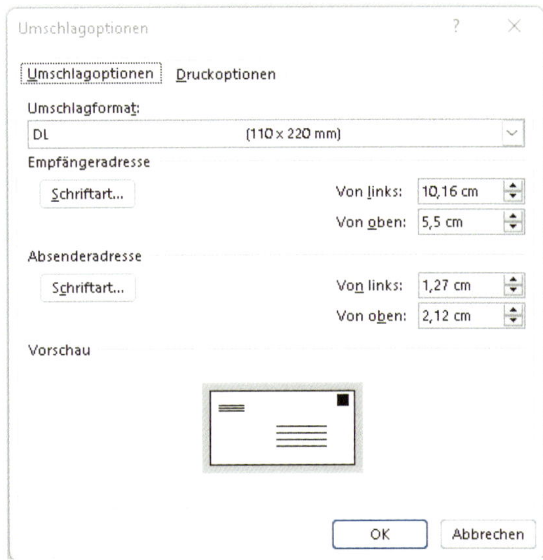

Erstellen von Etiketten

- Auch das Erstellen von Etiketten geschieht über das Register **Sendungen.** Sie klicken in der Gruppe **Erstellen** auf **Etiketten**. Hier führen Sie die Anschrift des von Ihnen gewünschten Etikettes auf. Haben Sie die Anschrift eingegeben, wählen Sie unter **Optionen** den Etikettenhersteller und die Etikettennummer aus. Die Eingabe schließen Sie mit **OK** ab. Nun befinden Sie sich wieder in der Ausgangsdialogbox. Hier klicken Sie **Neues Dokument** an.

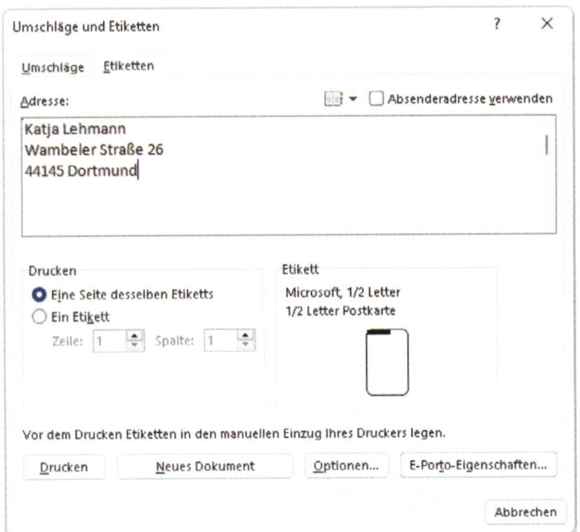

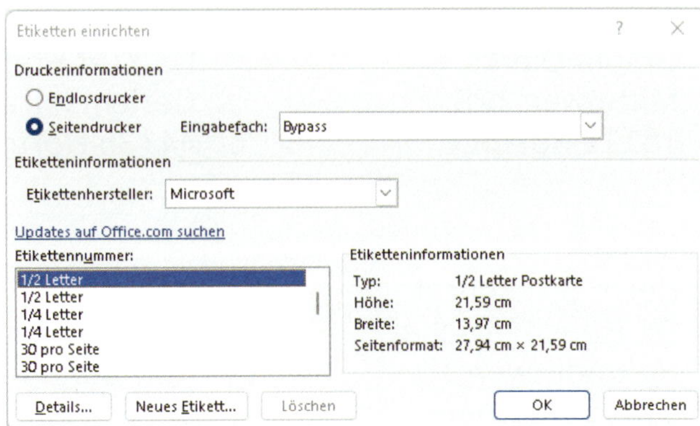

73970

- Auf dem Bildschirm erscheinen nun die Etiketten. Sie haben noch die Möglichkeit, Formatierungen vorzunehmen. So können Sie beispielsweise die Etiketten zentrieren.

<table>
<tr><td>Beate Lehmann
Borussiastraße 125
44149 Dortmund
E-Mail: b.lehmann@aol-wvd.com</td><td>Beate Lehmann
Borussiastraße 125
44149 Dortmund
E-Mail: b.lehmann@aol-wvd.com</td><td>Beate Lehmann
Borussiastraße 125
44149 Dortmund
E-Mail: b.lehmann@aol-wvd.com</td></tr>
<tr><td>Beate Lehmann
Borussiastraße 125
44149 Dortmund
E-Mail: b.lehmann@aol-wvd.com</td><td>Beate Lehmann
Borussiastraße 125
44149 Dortmund
E-Mail: b.lehmann@aol-wvd.com</td><td>Beate Lehmann
Borussiastraße 125
44149 Dortmund
E-Mail: b.lehmann@aol-wvd.com</td></tr>
<tr><td>Beate Lehmann
Borussiastraße 125
44149 Dortmund
E-Mail: b.lehmann@aol-wvd.com</td><td>Beate Lehmann
Borussiastraße 125
44149 Dortmund
E-Mail: b.lehmann@aol-wvd.com</td><td>Beate Lehmann
Borussiastraße 125
44149 Dortmund
E-Mail: b.lehmann@aol-wvd.com</td></tr>
<tr><td>Beate Lehmann
Borussiastraße 125
44149 Dortmund
E-Mail: b.lehmann@aol-wvd.com</td><td>Beate Lehmann
Borussiastraße 125
44149 Dortmund
E-Mail: b.lehmann@aol-wvd.com</td><td>Beate Lehmann
Borussiastraße 125
44149 Dortmund
E-Mail: b.lehmann@aol-wvd.com</td></tr>
<tr><td>Beate Lehmann
Borussiastraße 125
44149 Dortmund
E-Mail: b.lehmann@aol-wvd.com</td><td>Beate Lehmann
Borussiastraße 125
44149 Dortmund
E-Mail: b.lehmann@aol-wvd.com</td><td>Beate Lehmann
Borussiastraße 125
44149 Dortmund
E-Mail: b.lehmann@aol-wvd.com</td></tr>
</table>

Arbeitsablauf

Sendungen — Etiketten — Anschrift eingeben — Optionen —

Etikettenhersteller und Etikettennummer wählen — OK — Neues Dokument —

Evtl. weitere Formatierungen vornehmen

Aufgaben

a) *Erstellen Sie einen Briefumschlag wie auf Seite 104 (oben) abgebildet.*

b) *Erstellen Sie eine Visitenkarte für das Vorstandsmitglied der EURO-Computer AG, Herrn Dr. Heinz Mai, Oldenburger Straße 15, 22527 Hamburg, Tel. 040 39496, Fax 040 39497, E-Mail heinz.mai@eurocomputer-wvd.com.*

c) *Erstellen Sie eine Visitenkarte mit Ihren persönlichen Daten.*

12 Grafiken

Symbole

- Zum Einfügen von Sonderzeichen und Symbolen klicken Sie das Register **Einfügen** an. In der Gruppe **Symbole** aktivieren Sie **Symbol.** Wollen Sie andere Symbole als die angezeigten wählen, klicken Sie **Weitere Symbole** an.

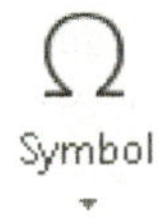

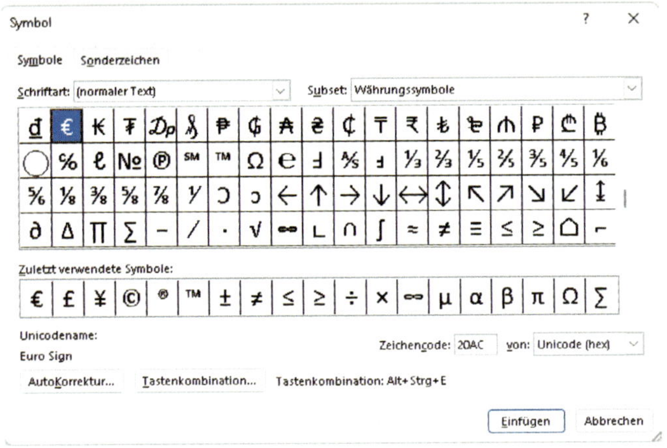

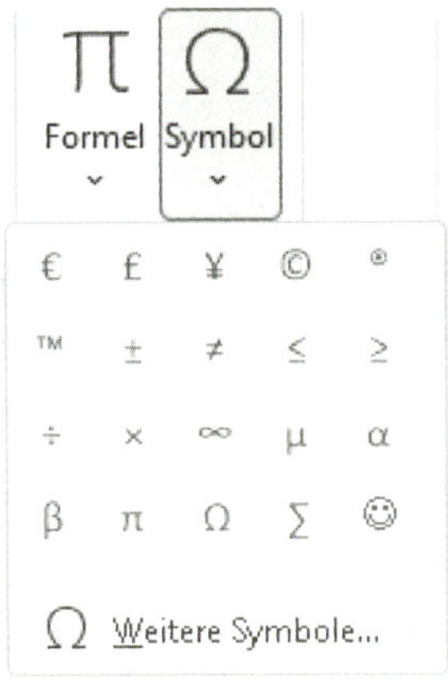

Sie können nun aus verschiedenen Verzeichnissen (Schriftart) das gewünschte Symbol abrufen.

Arbeitsablauf

Einfügen — Symbol — Weitere Symbole — Verzeichnis (Schriftart) auswählen — Symbol anklicken — Einfügen — Schließen

WordArt

- Textteile können Sie wirkungsvoll durch WordArt hervorheben. Zu diesem Zweck rufen Sie im Register **Einfügen** in der Gruppe **Text** die Funktion **WordArt** auf. Es erscheint ein Fenster mit verschiedenen Schriftbeispielen. Klicken Sie die gewünschte WordArt-Form an, erscheint die WordArt-Grafik auf dem Bildschirm. Geben Sie nun Ihren Text ein.

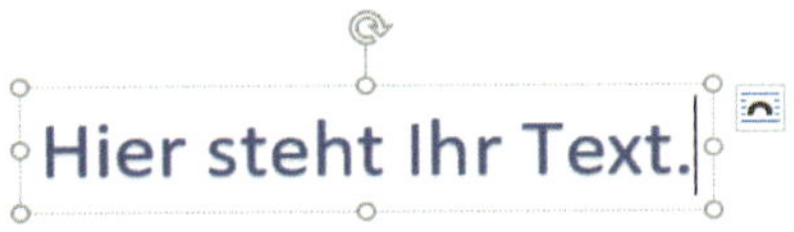

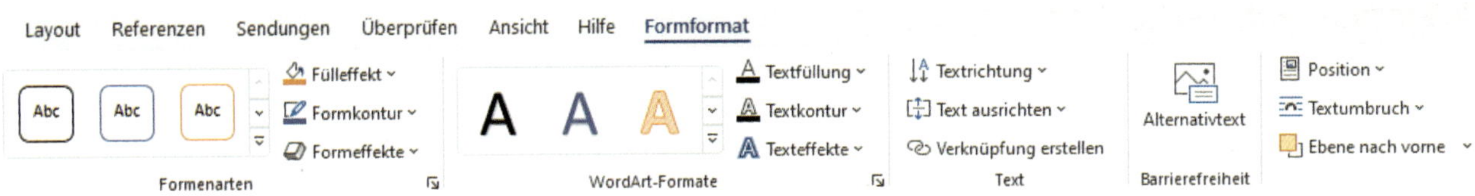

- Gleichzeitig mit der WordArt-Grafik erscheint das Kontextregister **Formformat.** Um die Größe oder Form der Grafik zu verändern, führen Sie den Mauszeiger auf die Markierungspunkte. An den runden Markierungspunkten vergrößen oder verkleinern Sie die Grafik, an den eckigen Markierungspunkten stellen Sie die Schrift enger, breiter, höher oder kleiner.

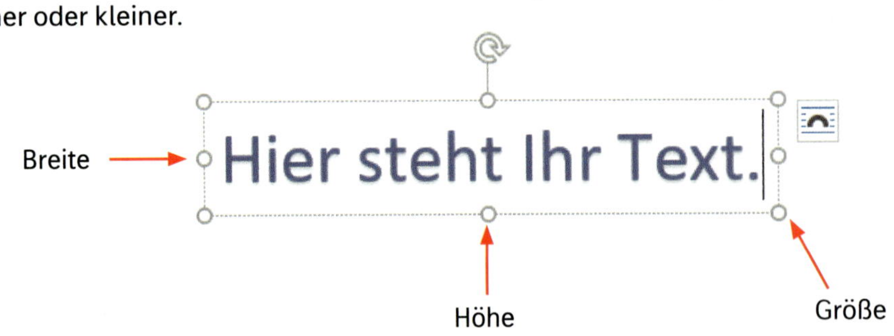

- Ist die Grafik noch markiert, klicken Sie in dem Kontextregister **Formformat** in der Gruppe **WordArt-Formate** die **Texteffekte** an.

- Unter **Formenarten** im Kontextregister **Formformat** wählen Sie unter **Fülleffekt** den Hintergrund der WordArt-Grafik aus. Hier legen Sie die Füllfarben fest, fügen ein Bild ein oder wählen die Struktur aus. Die Linienfarbe und die Linienart bestimmen Sie unter **Formkontur.** Unter **Formeffekte** haben Sie die Möglichkeit, für die Schrift Schatten, Spiegelungen, 3-D-Drehungen und andere Effekte einzustellen.

- Wollen Sie die Textrichtung verändern, klicken Sie im Kontextregister **Formformat** in der Gruppe **Text** die **Textrichtung** an. Sie entscheiden sich nun für die Richtung des Textes. Unter den Textrichtungsoptionen haben Sie auch eine Vorschaumöglichkeit.

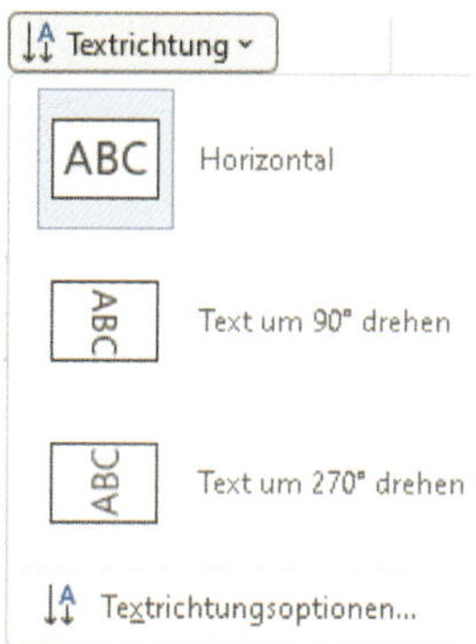

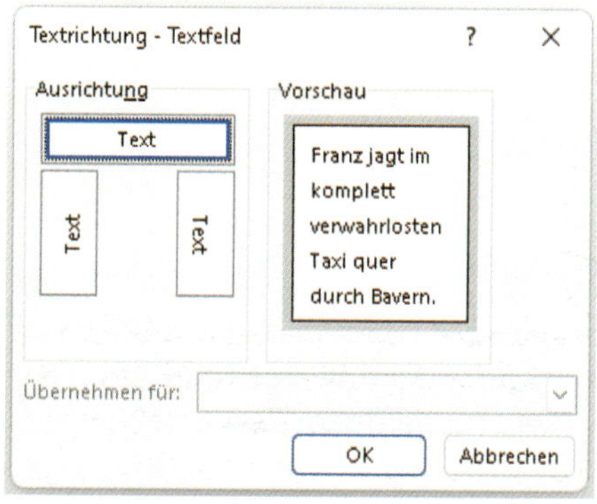

Arbeitsablauf

Einfügen — WordArt — WordArt-Form anklicken — Text eingeben —

Formformat — Texteffekte - Fülleffekt - Formkontur - Formeffekte einstellen

Aufgabe

Erstellen Sie die WordArt-Grafiken wie nachstehend abgebildet:

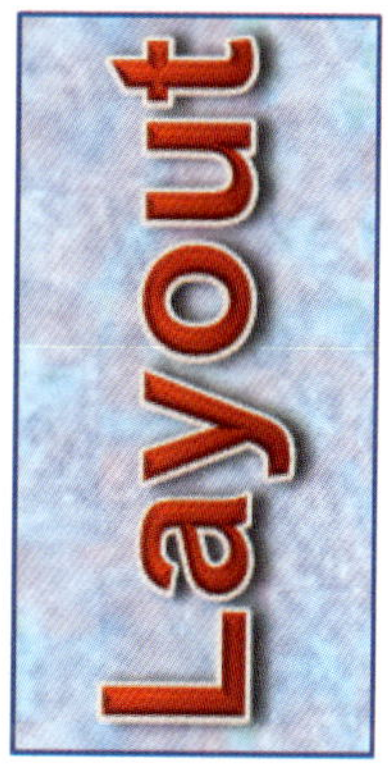

Textfeld einfügen

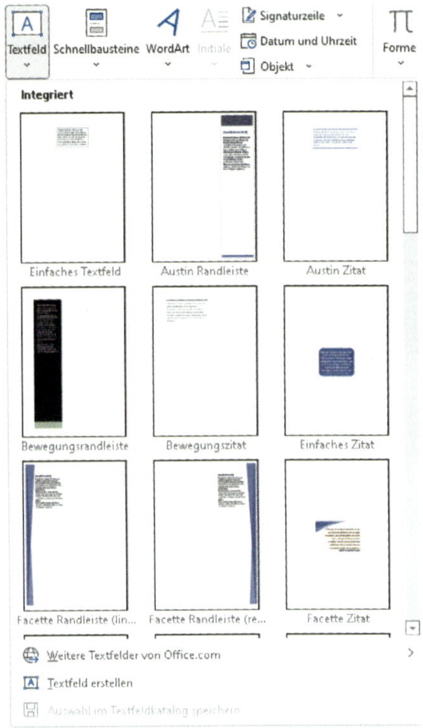

- Das **Textfeld** rufen Sie über Register **Einfügen** der Gruppe **Text** auf. Es erscheinen verschiedene vorformatierte Textfelder. Sie klicken **Textfeld erstellen** an. Aus dem Mauszeiger wird ein Kreuz. Führen Sie das Kreuz an die Stelle, an der das Textfeld beginnen soll, und klicken Sie die linke Maustaste an. Ziehen Sie nun die Größe des Textfeldes. Wenn Sie einen Text erfasst haben, überdeckt das Textfeld einen Teil des Textes.

Größe des Textfeldes verändern oder das Textfeld verschieben

- Um die Größe oder die Form des Textfeldes zu verändern, führen Sie den Mauszeiger auf die Markierungspunkte des Textfeldes und klicken die linke Maustaste an. Sie können nun die Größe und die Proportionen des Textfeldes verändern.

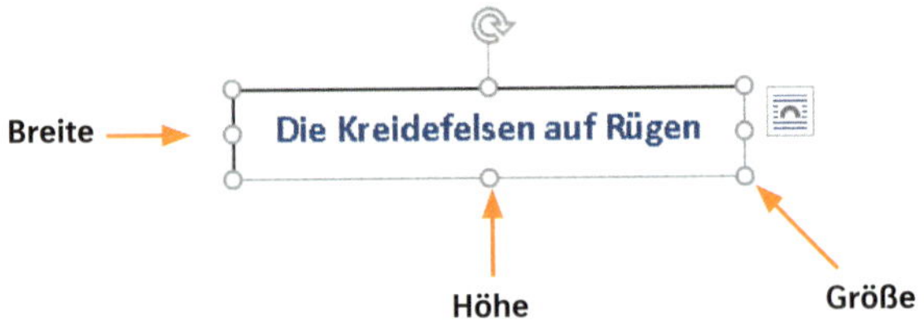

- Führen Sie den Mauszeiger zwischen zwei Markierungen, erscheint ein Kreuz mit Pfeilen. Klicken Sie die linke Maustaste an, können Sie das Textfeld verschieben.
- Haben Sie das Textfeld markiert, können Sie im Kontextregister **Formformat** die Größe des Textfeldes verändern.

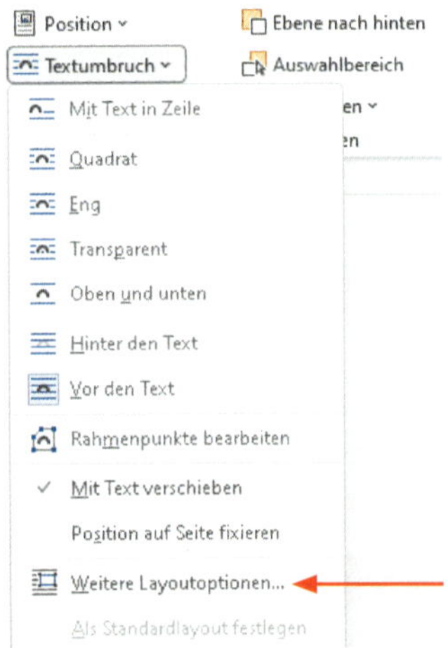

Textfeld formatieren

- Überdeckt das Textfeld einen Teil des Textes, klicken Sie im Kontextregister **Formformat** der Gruppe **Anordnen** die Funktion **Textumbruch** an. Hier stellen Sie unter **Weitere Layoutoptionen** die Funktion **Passend** ein. Der Text umschließt dann das Textfeld. Dazu muss das Textfeld markiert sein.

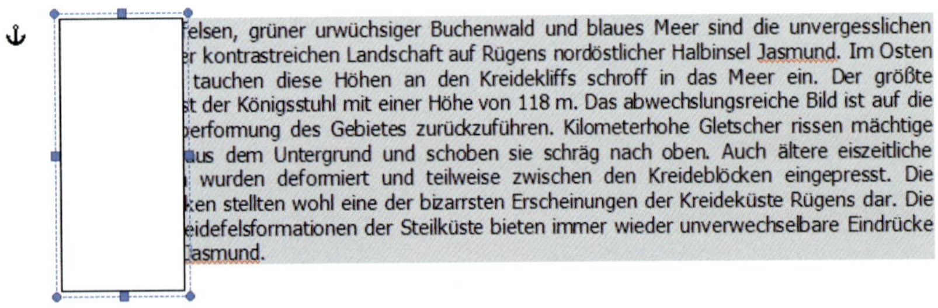

- Um die Linien, die das Textfeld umschließen, zu entfernen, klicken Sie in dem Kontextregister **Formformat** in der Gruppe **Formenarten** den Pfeil hinter **Formkontur** an. Hier stellen Sie ein **Keine Kontur**.

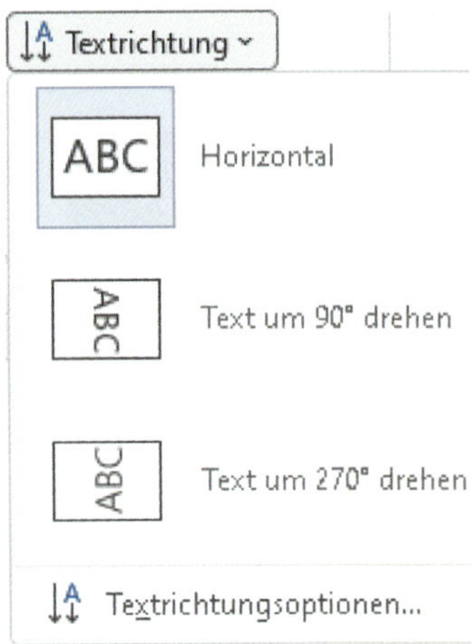

Textrichtung verändern

- Haben Sie das Textfeld markiert, können Sie in dem Kontextregister **Formformat** der Gruppe **Text** die Textrichtung verändern. Zu diesem Zweck klicken Sie **Textrichtung** an.

Arbeitsablauf

Einfügen — Textfeld — Textfeld erstellen —

Kreuz an die gewünschte Stelle führen und die linke Maustaste anklicken — Textfeld ziehen —

Größe des Textfeldes verändern oder das Textfeld verschieben — Textfeld markieren —

Formformat — Formkontur — keine Kontur —

Formformat — Textrichtung — Textrichtung anklicken

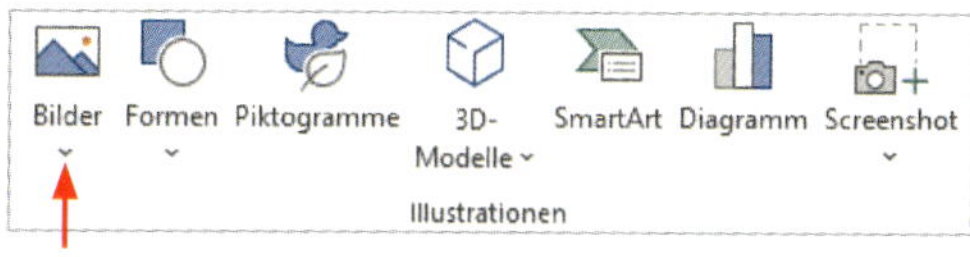

Grafik (Bild) einfügen

- Um eine Grafik in ein Word-Dokument einzufügen, aktivieren Sie in dem Register **Einfügen** in der Gruppe **Illustrationen** die Schaltflächen **Bilder** oder **Onlinegrafiken.** Wollen Sie ein Digitalfoto in den Text einbetten, klicken Sie **Bilder** an. Sie wählen nun den Ordner aus und geben den Dateinamen ein. Die Grafik (Bild) erscheint auf dem Bildschirm. Sie können nun das Bild positionieren, vergrößern oder verkleinern.
- Überdeckt die Grafik (Bild) einen Teil des Textes, klicken Sie im Kontextregister **Bildformat** in der Gruppe **Anordnen** die Funktion **Textumbruch** an. Unter **Weitere Layoutoptionen** stellen Sie **Passend** ein.
- Abbildungen sind mindestens 2 mm von dem angrenzenden Text abzusetzen.
- Verwenden Sie Abbildungen, müssen Sie das Urheberrecht beachten.

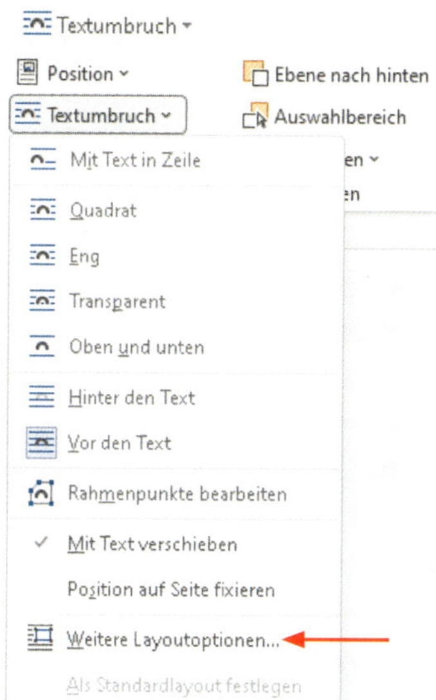

Arbeitsablauf

Einfügen — Bilder — Ordner wählen — Dateinamen anklicken —

Einfügen — Grafik positionieren, vergrößern oder verkleinern —

Grafik markieren — OK — Bildformat — Textumbruch —

Weitere Layoutoptionen —

Passend — OK

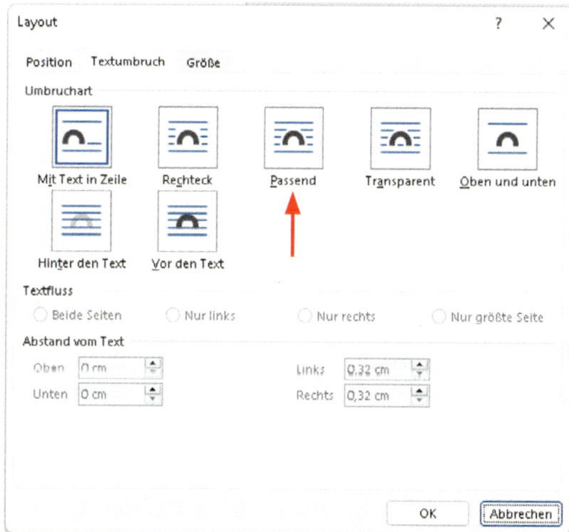

Aufgabe

Erfassen Sie den Text und fügen Sie auf der linken Seite ein Textfeld ein. Beschriften Sie das Textfeld, indem Sie die Schrift vertikal anordnen. Nehmen Sie anschließend die Worttrennung vor. Fügen Sie auf der rechten Seite ein Bild der Insel Rügen ein. Sie finden Bilder zum Download im Internet. Wählen Sie für den Hintergrund des Textes und des Textfeldes eine unterschiedliche Schattierung. Stellen Sie den Blocksatz ein.

Buch +Web

Die Kreidefelsen auf Rügen

Weiße Kreidefelsen, grüner urwüchsiger Buchenwald und blaues Meer sind die unvergesslichen Eindrücke einer kontrastreichen Landschaft auf Rügens nordöstlicher Halbinsel Jasmund. Im Osten der Halbinsel tauchen diese Höhen an den Kreidekliffs schroff in das Meer ein. Der größte Kreidefelsen ist der Königsstuhl mit einer Höhe von 118 m. Das abwechslungsreiche Bild ist auf die eiszeitliche Überformung des Gebietes zurückzuführen. Kilometerhohe Gletscher rissen mächtige Kreideblöcke aus dem Untergrund und schoben sie schräg nach oben. Auch ältere eiszeitliche Deckschichten wurden deformiert und teilweise zwischen den Kreideblöcken eingepresst. Die Wissower Klinken stellten wohl eine der bizarrsten Erscheinungen der Kreideküste Rügens dar. Die einmaligen Kreidefelsformationen der Steilküste bieten immer wieder unverwechselbare Eindrücke der Halbinsel Jasmund.

Aufgaben

a) *Erfassen Sie den Text in der Schriftart Courier New, Schriftgröße 12 Pt.*
b) *Stellen Sie nachträglich die Schriftart Tahoma, Schriftgröße 10 Pt., ein.*
c) *Wählen Sie für die Überschrift eine geeignete WordArt-Form aus.*
d) *Ordnen Sie links das Foto aus dem Internet in der Größe 3,5 x 5,5 cm an.*
e) *Versehen Sie das Bild mit einer Bildunterschrift, Schriftgröße 8 Pt. Heben Sie die Bildunterschrift durch Kursivschrift und durch Zentrieren hervor.*
f) *Nehmen Sie die Silbentrennung (Worttrennung) nachträglich vor.*
g) *Richten Sie den Text im Blocksatz aus.*
h) *Speichern Sie unter dem Dateinamen* **Oliver**.

Buch +Web

Erfinder von Schreibmaschinen hatten viele Probleme zu lösen

Schreibmaschine Oliver

Bei manchen älteren Schreibmaschinen fielen die Typenträger von oben auf die Schreibwalze und machten auf diese Weise die Schrift sichtbar. Ein besonderes Problem, das die Erfinder lösen mussten, war die Anzahl der Schreibtasten. Wie viele Schreibtasten sollten vorhanden sein? Bei Volltastaturschreibmaschinen war für jedes Schriftzeichen ein Typenträger vorhanden. Die Schreibtasten waren in sieben Tastenreihen übereinander angeordnet. Dass sich solche Schreibmaschinen nicht für das Tastschreiben eigneten, versteht sich von selbst. Darum versuchte man, die Anzahl der Tasten zu verringern. Mit vier Tastenreihen wurden Schreibmaschinen hergestellt, die am Ende des Typenträgers zwei Schriftzeichen trugen, z. B. Klein- und Großbuchstaben. An heutigen Computertastaturen sind die Tasten in gleicher Weise angeordnet.

Bildunterschrift

- Unter einer Abbildung steht in der Regel eine Bildunterschrift, die durch eine kleinere Schrift, kursiv und zentriert hervorgehoben wird. Die Bildunterschrift erläutert, was auf der Abbildung zu sehen ist. Eine Bildquelle ist an der Abbildung oder bei längeren Texten in einem Abbildungsverzeichnis anzugeben.

Aufgaben

a) *Erfassen Sie den Text über Helgoland in der Schriftart Courier New, Schriftgröße 12 Pt.*
b) *Stellen Sie nachträglich die Schriftart Arial, Schriftgröße 10 Pt., ein.*
c) *Versehen Sie die Überschrift, Schriftgröße 14 Pt., mit einer Hintergrundschattierung und wählen Sie eine gelbe Schrift.*
d) *Ordnen Sie den Text in zwei Spalten an Die rechte Spalte soll schmaler als die linke Spalte sein. Fügen Sie zwischen den Spalten eine Zwischenlinie ein.*
e) *Positionieren Sie am Anfang der linken Spalte das Foto aus dem Internet. Das Foto soll 4 cm hoch und 6 cm breit sein.*
f) *Versehen Sie das Bild mit einer Bildunterschrift, Schriftgröße 8 Pt. Heben Sie die Bildunterschrift durch Kursivschrift und Zentrieren hervor.*
g) *Nehmen Sie die Silbentrennung (Worttrennung) nachträglich vor.*
h) *Wählen Sie für die Textausrichtung den Blocksatz.*
i) *Speichern Sie unter dem Dateinamen* ***Helgoland.***

Buch +Web

Helgoland: Deutschlands einzige Hochseeinsel

Buntsandsteinfelsen mit der Langen Anna

An der deutschen Nordseeküste gibt es viele Inseln, doch keine von ihnen ist mit Helgoland vergleichbar. Rund 70 km vom Festland entfernt hebt sich der mächtige, rote Buntsandsteinfelsen mit grünem Land aus dem Wasser und präsentiert sich Ihnen mit einer einmaligen Flora und Fauna und einem milden, vom nahen Golfstrom begünstigten Hochseeklima. Helgoland ist ein einzigartiges Naturdenkmal, das keine Umweltprobleme kennt. Helgoland ist aber auch eine vielseitige Urlaubs- und Erlebnisinsel, Kurort und Heilbad zu allen vier Jahreszeiten.

Helgoland liegt in der Deutschen Bucht und gehört mit seinen rund 1400 Einwohnern zum Kreis Pinneberg im Bundesland Schleswig-Holstein. 1720 wurde die natürliche Verbindung zwischen Hauptinsel und Düne durch eine Sturmflut zerstört, sodass das Eiland heute aus der roten Buntsandsteinscholle mit Steilküste, die 61 m hoch aus dem Meer ragt, und einer kleinen, vorgelagerten Nachbarinsel, der Badedüne, besteht.

Aufgaben

a) Stellen Sie die Schriftart Calibri, Schriftgröße 10,5 Pt., ein.

b) Wählen Sie den Zeilenabstand 14,5 Pt. genau.

c) Setzen Sie nachträglich die Überschrift „Wenig bekannt: Die Insel Poel“ ein. Wählen Sie für die Überschrift eine WordArt-Form aus. Stellen Sie die Schriftart Calibri, Schriftgröße 16 Pt., Fettschrift, Farbe Blau, ein.

d) Versehen Sie den ersten Buchstaben eines Absatzes jeweils mit einem Initial (Initialhöhe 2, Abstand vom Text 0,1 cm, Schriftfarbe Blau).

Buch +Web

e) Ordnen Sie den Text in zwei Spalten an. Die linke Spalte soll eine Breite von 6,5 cm haben, die Breite der rechten Spalte gleichen Sie aus. Fügen Sie zwischen den Spalten eine Zwischenlinie ein.

f) Integrieren Sie ein Bild des Leuchtturms von Timmendorf in die linke Spalte. Das Bild können Sie aus dem Internet abrufen. Versehen Sie das Bild mit der Bildunterschrift „Leuchtturm von Timmendorf-Strand“. Wählen Sie diese Formatierungen: Schriftgröße 8 Pt., kursiv, zentriert.

g) Nehmen Sie die Worttrennung (Silbentrennung) nachträglich (manuell) vor.

h) Stellen Sie für den Text Blocksatz ein.

Wenig bekannt: Die Insel Poel

Die Insel *Poel* liegt in der *Wismarer Bucht* in der Nähe der Hansestadt *Wismar*. Sie gehört zum Bundesland *Mecklenburg-Vorpommern*. Poel ist mit 36 km² Fläche die **siebtgrößte deutsche Insel.** Über einen befahrbaren Damm ist die Insel mit dem Festland verbunden.

Leuchtturm von Timmendorf-Strand

Ein jungsteinzeitlicher Siedlungsplatz beweist, dass es bereits *vor 8000 Jahren Leben auf der Insel* gab. Heute wohnen dort **2500 Einwohner**. Die Einheimischen schätzen die Natur ihrer Insel mit den *Salzwiesen* und der *einzigartigen Flora* und *Fauna*. Die kleine *Insel Langenwerder* im Norden Poels ist das *erste Seevogelschutzgebiet des Landes*. Im Herbst sind dort auch zahlreiche *Kraniche* zu sehen.

Beliebt sind auf Poel die reizvollen **Strände** und **Steilküsten.** Dort finden Spaziergänger oft besondere *Muscheln, Fossilien* und *Bernstein*. Auch bei Angelfreunden ist die Insel beliebt. Nicht selten fangen die Angler einen Dorsch. Wer keinen Fischereischein besitzt, kann einen Touristen-Fischereischein erwerben.

Nähern Sie sich der Insel vom Festland, erblicken Sie schon von Weitem die *Inselkirche von Kirchdorf*. Sie wurde in der ersten Hälfte des 13. Jahrhunderts erbaut und zeugt von der wechselvollen Geschichte. Die im romanisch-gotischen Stil erbaute Backsteinkirche ist mit ihrem 47 m hohen Turm weit zu sehen. Von der Wallanlage aus haben Sie einen schönen Blick auf den Jachthafen.

Wenn Sie von der Seeseite kommen, sehen Sie zuerst den *Leuchtturm von Timmendorf*. Dieses alte Leuchtfeuer wurde bereits im Jahr 1871 in Betrieb genommen und 1931 auf seine heutige Höhe erweitert. Als Signalgeber an der Einfahrt zum Seehafen der Hansestadt Wismar ist der Leuchtturm noch heute von großer Bedeutung. Ein zweiter, kleinerer Leuchtturm steht westlich von *Gollwitz* im Norden der Insel.

Der Hafen von *Timmendorf-Strand* dient nicht nur Sportbooten und Jachten als Anlegestelle. Auch die Fischer von Poel nutzen den 1995 ausgebauten Hafen. Die Insel ist immer noch ein Geheimtipp für viele Wassersportler. Insbesondere die Häfen von *Timmendorf, Kirchdorf* und *Niendorf* mit ihren umfangreichen Service- und Versorgungseinrichtungen bieten *zahlreiche Gastliegeplätze für Segel- und Motorboote*.

13 Grafiken – Fußnoten

SmartArt

- Zur grafischen Veranschaulichung haben Sie die Möglichkeit, eine SmartArt-Grafik einzufügen. SmartArt-Grafiken reichen von grafischen Listen und Prozessdiagrammen bis zu komplexen Grafiken und Organigrammen.
- Über das Register **Einfügen,** Gruppe **Illustrationen,** rufen Sie **SmartArt** auf. Es erscheint nun eine Diagrammsammlung, auf der Sie **Hierarchie** anklicken. Wollen Sie ein Organigramm erstellen, klicken Sie das erste Symbol an.

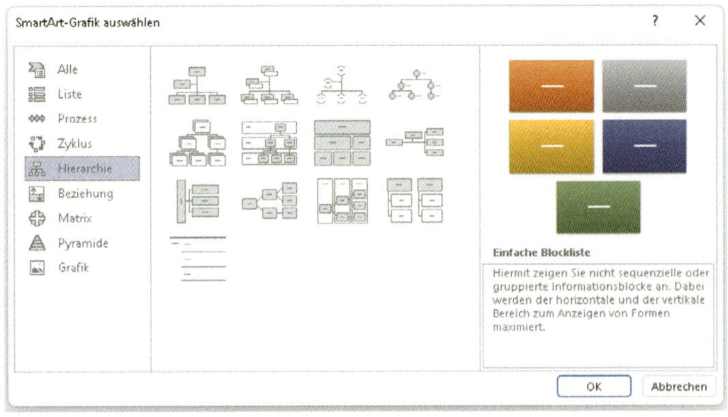

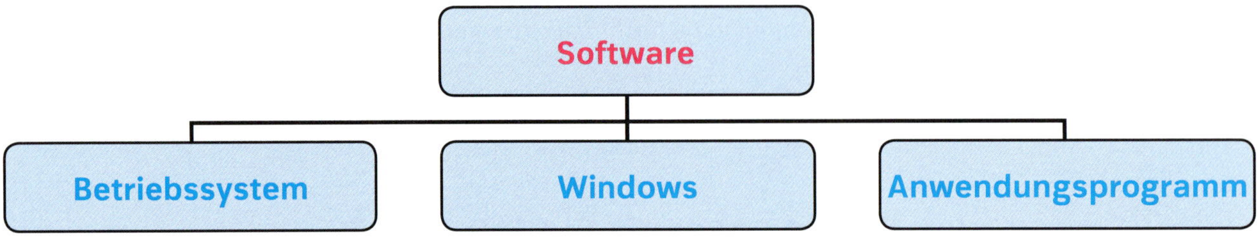

Arbeitsablauf

Einfügen — SmartArt — Diagrammtyp anklicken — Feld anklicken und Text eingeben

Fußnoten

- Das Programm Word 2021 ermöglicht Ihnen eine komfortable Fußnotenverwaltung. In dem Register **Referenzen,** Gruppe **Fußnoten,** klicken Sie **Fußnote einfügen** an. Der Cursor springt nun an das Seitenende, wo Sie unter einem Fußnotenstrich hinter der hochgestellten Zahl den Fußnotentext eingeben. Um wieder die letzte Textstelle aufzusuchen, führen Sie den Mauszeiger an die Textstelle und klicken auf die linke Maustaste.

Arbeitsablauf

Referenzen — Fußnote einfügen — Fußnotentext eingeben —

Mauszeiger an die letzte Textstelle — linke Maustaste anklicken

Aufgaben

Buch +Web

a) *Nehmen Sie für die Erfassung des Textes diese Formatierungen vor:*
Linker Rand: 5,08 cm — Zeilenabstand: 1,5 — Seitenlänge: 15 cm — Schriftart: Courier New

b) *Erfassen Sie den Text mit der Fußnote.*

c) *Speichern Sie unter dem Dateinamen* **Fußnote***; drucken Sie den Text aus.*

Um für Funktionstasten einheitliche Bezeichnungen im Unterricht und in der Praxis verwenden zu können, wurde die Norm[1] erlassen, in der Funktionssymbole aufgeführt sind und die Bedeutung erklärt ist.

1 DIN 33 856: Bildzeichen – Büro- und Datentechnik

73970

14 Schreibregeln alphabetisch

Abkürzungen		
mit Punkt	i. A. z. B.	bzw. usw.
ohne Punkt	GmbH BGB	EUR kg
Anführungszeichen	„sehr gut“	Marke „Luxus“
Auslassungspunkte	Die Bedingungen ...	
„bis“	20,00 – 25,00 EUR	09:00 – 12:00 Uhr
Dezimalzahlen	1.250,35 EUR	0,07 €
Einfache Zahlen	5000 Stück	5 000 000 Einwohner
E-Mail-Adresse	eva.neumann@aol-wvd.de	neumann@westfalia-wvd.com
Fettschrift	Informieren Sie uns **sofort**, wenn Sie nicht liefern können.	
Gleichheitszeichen	1 kg = 1 000 g	25 km = 25 000 m
Internationale	IBAN: DE82 6009 0100 0005 7898 25	
Bankleitzahlen (IBAN)	IBAN: DE36 4405 7500 0000 5135 83	
Kalenderdaten		
alphanumerisch	1. November 20..	1. August 20..
numerisch	20..-11-01	20..-03-17
	01.11.20..	17.03.20..
Klammern	Bayern (München)	Unterschrift(en)
Kurzstrich		
Bindestrich	Hamburg-Altona	Theodor-Heuss-Allee
Ergänzungsstrich	auf- und abladen	Postein- und -ausgang
Langstrich		
Gedankenstrich	Sie versuchte es – leider ohne Erfolg.	
„gegen“; Streckenangaben	HSV – Schalke 04	Frankfurt – Stuttgart
Ordnungszahlen	5. Platz	VII. Stockwerk
Postfachnummern	Postfach 3 33	Postfach 1 45 78
Promille	0,4 o/oo	1,2 o/oo
Rechenzeichen		
Subtraktionszeichen	135 – 20 = 115	152 – 53 = 99
Multiplikationszeichen	10 · 3 = 30	150 x 10 = 1 500
Divisionszeichen	100 : 25 = 4	2 000 : 4 = 500
Römische Zahlen	I = 1 V = 5	X = 10 L = 50
	C = 100 D = 500	M = 1 000
Telefaxnummern	0441 354921	02921 35-4519
Telefonnummern	05628 593-185	+49 2521 3541
Uhrzeiten	09:40 Uhr	05:12:03 Stunden
Zeichen für Wörter	§ 1 BGB, §§ 2 – 5, 5 %, 5-prozentiger	

15 Sachwortverzeichnis